ACCESO GRATIS *a la Lectura en la Nube*

Para visualizar el libro electrónico en la nube de lectura envíe junto a su nombre y apellidos una fotografía del código de barras situado en la contraportada del libro y otra del ticket de compra a la dirección:

ebooktirant@tirant.com

En un máximo de 72 horas laborales le enviaremos el código de acceso con sus instrucciones.

REFLEJOS JURÍDICOS: EXPLORANDO LOS DELITOS DE ODIO SEGÚN LA NORMATIVA ESPAÑOLA

Procedimiento de selección de originales, ver página web:
www.tirant.net/index.php/editorial/procedimiento-de-seleccion-de-originales

REFLEJOS JURÍDICOS: EXPLORANDO LOS DELITOS DE ODIO SEGÚN LA NORMATIVA ESPAÑOLA

Daniel Suárez Alonso

tirant lo blanch
Valencia, 2024

En caso de erratas y actualizaciones, la Editorial Tirant lo Blanch publicará la pertinente corrección en la página web www.tirant.com.

La presente obra ha sido sometida a la revisión de pares ciegos según el protocolo de publicación de la editorial a efectos de ofrecer el rigor y calidad correspondiente tanto en su contenido como en su forma, aplicándose los criterios específicos aprobados por la Comisión Nacional E 016 (BOE num. 286, de 26 de noviembre de 2016).

EDITA: TIRANT LO BLANCH
C/ Artes Gráficas, 14 - 46010 - Valencia
TELFS.: 96/361 00 48 - 50
FAX: 96/369 41 51
Email: tlb@tirant.com
www.tirant.com
Librería virtual: www.tirant.es
DEPÓSITO LEGAL: V-1696-2024
ISBN: 978-84-1313-717-9

Si tiene alguna queja o sugerencia, envíenos un mail a: *atencioncliente@tirant.com*. En caso de no ser atendida su sugerencia, por favor, lea en *www.tirant.net/index.php/empresa/politicas-de-empresa* nuestro procedimiento de quejas.

Responsabilidad Social Corporativa: http://www.tirant.net/Docs/RSCTirant.pdf

Índice

Prólogo

En el crepúsculo de la civilización moderna, emergen sombras que oscurecen la esencia misma de nuestras sociedades: los delitos de odio. "Sombras de Intolerancia" es más que un compendio académico; es una exploración profunda de las complejidades que rodean la intolerancia, un viaje a través de las dimensiones más oscuras de nuestra convivencia.

Este libro no solo busca desentrañar el contexto legal que rodea los delitos de odio, sino que también se sumerge en las raíces culturales y sociales que alimentan esta lamentable realidad. La intolerancia no es solo una violación de la ley; es una herida en el tejido mismo de la humanidad.

A medida que nos sumergimos en la obra, invitamos al lector a reflexionar sobre las complejidades éticas y morales que rodean estos crímenes motivados por el odio. La defensa de los derechos humanos, el análisis de los estereotipos y prejuicios, y la identificación de estos actos insidiosos son solo puntos de partida. El propósito final es provocar una profunda introspección sobre cómo, como individuos y como sociedad, podemos erradicar las sombras de la intolerancia.

En estas páginas, nos aventuramos en el terreno incierto de la legislación, explorando no solo la efectividad de las normativas existentes sino también los desafíos inherentes a la regulación de la expresión del odio. El discurso ofensivo, encapsulado en el artículo 510 del código penal, sirve como punto de partida para cuestionar los límites de la libertad de expresión en un mundo que busca la coexistencia pacífica.

No obstante, "Sombras de Intolerancia" no se limita al análisis jurídico. Al centrarnos en la protección de las víctimas, nos conectamos con la humanidad que yace detrás de las estadísticas.

Este libro busca no solo documentar la intolerancia, sino también abogar por la curación, la empatía y la construcción de comunidades más compasivas.

En última instancia, este prólogo es un llamado a la acción. Los delitos de odio son una manifestación extrema de la intolerancia, pero también son un síntoma de problemas más profundos arraigados en nuestra sociedad. "Sombras de Intolerancia" invita a cada lector a cuestionar su papel en la promoción de la tolerancia y a ser parte de la transformación hacia un mundo donde las sombras de la intolerancia sean disipadas por la luz de la comprensión y la aceptación.

Agradecimientos

Querida familia; papá, mamá, Natalia y mi esposa, María.

Este libro no habría sido posible sin el amor incondicional y el apoyo constante que ustedes me brindan. A cada uno de ustedes, mi pilar fundamental, les dedico estas páginas llenas de esfuerzo y pasión.

Capítulo 1. Génesis de los crímenes motivados por odio y discriminación: estereotipos, prejuicios y discriminación.

INTRODUCCIÓN

La mente humana, en su afán de simplificar la abrumadora cantidad de información que recibe diariamente, recurre a categorizaciones conocidas como estereotipos. Estos mecanismos mentales, si bien son herramientas naturales para procesar datos de manera eficiente, se vuelven problemáticos cuando la información está sesgada. Es en este punto donde entran en escena los prejuicios, que, con frecuencia, llevan consigo cargas emocionales negativas.

Los prejuicios, alimentados por percepciones distorsionadas y emociones negativas, pueden manifestarse de maneras perjudiciales en la sociedad. Su externalización a través de actos discriminatorios y, en casos extremos, en delitos de odio, revela las consecuencias dañinas de la intolerancia.

Es importante reconocer que, aunque la discriminación en sí misma no sea catalogada explícitamente como un delito de odio, ambos comparten un denominador común: están motivados por prejuicios arraigados. Esta conexión es fundamental para comprender por qué, desde una perspectiva policial, se abordan en el mismo ámbito.

En el complejo entramado de la discriminación, se manifiestan diversas formas: directa, indirecta, múltiple, por asociación y por error. Cada una de estas modalidades refleja la diversidad de maneras en que los prejuicios pueden traducirse en acciones perjudiciales. Identificar y comprender estas formas es esencial para abordar de manera efectiva tanto la discriminación como los delitos de odio, trabajando hacia una sociedad más inclusiva y justa.

LOS ESTEREOTIPOS

Desde los albores de la existencia humana, la necesidad de sobrevivir ha impulsado el desarrollo de herramientas mentales que permitan diferenciar y filtrar la vasta cantidad de información que fluye hacia la mente. A lo largo de los siglos, esta información ha experimentado un crecimiento exponencial, desafiando la capacidad del ser humano para procesarla eficientemente.

Los estereotipos, en este contexto, surgen como herramientas mentales que simplifican la realidad. Estas representaciones simplificadas, en ocasiones, no reflejan con precisión la diversidad y complejidad de la realidad, llevando a la pérdida de la apreciación de las características individuales de las personas. Ibáñez (2003) sostiene que los estereotipos están constituidos por un conjunto de creencias sociales asociadas a una categoría grupal, dando origen y justificación a los prejuicios.

La afirmación de que los estereotipos y prejuicios yacen en la raíz de los comportamientos discriminatorios es un reconocimiento crucial. Estos elementos mentales no solo pueden dar lugar a la discriminación, sino que también tienen el potencial de fortalecer y justificar prácticas discriminatorias. En este sentido, la comprensión de cómo los estereotipos evolucionan hacia prejuicios y, en última instancia, hacia comportamientos discriminatorios, es esencial para abordar de manera efectiva los desafíos relacionados con la intolerancia en la sociedad.

En el contexto de la creación de este libro, se destaca la importancia crítica de tomar conciencia, analizar y cuestionar los estereotipos y prejuicios que se ciernen sobre diversos grupos y personas. Este acto reflexivo se presenta como el primer paso necesario para prevenir o evitar actos de discriminación, como señala ACCEM (2013).

En la siguiente página, se presenta la "pirámide del odio" en la Gráfica 1, una representación visual que ilustra la complejidad creciente de comportamientos sesgados y prejuicios desde la base hasta la cúspide. Cada nivel de la pirámide conlleva impactos negativos en individuos y grupos, pero lo que es crucial comprender es que a medida que ascendemos en la pirámide, los comportamientos adquieren consecuencias más peligrosas que ponen en peligro la vida.

Esta pirámide, más que una simple metáfora visual, lleva consigo un mensaje contundente. Los niveles superiores están fundamentados en los niveles más bajos, y la tolerancia o normalización de comportamientos en los estratos inferiores alimenta la aceptación de comportamientos más extremos en niveles superiores. Es un recordatorio impactante de cómo la aparente trivialización de actitudes discriminatorias puede contribuir a la escalada hacia comportamientos más peligrosos.

Explorando el origen del odio que puede desencadenar genocidios, la Pirámide de Odio responde a la pregunta global sobre el nexo entre comportamientos de baja intensidad y la perpetración de actos extremadamente violentos. Este concepto, respaldado por la aceptación de conductas en los niveles más bajos de la pirámide, destaca la responsabilidad de las personas e instituciones en la prevención de la intolerancia.

De acuerdo con la guía "Prosecuting hate crimes: A practical guide" (OSCE, 2014), se identifica que los principales colectivos afectados por crímenes de odio son aquellos que se diferencian de la mayoría por tener características protegidas. Estos elementos serán examinados con mayor detenimiento en un tema posterior de este libro, proporcionando una comprensión más profunda de los colectivos vulnerables en la sociedad actual.

Gráfico 1. Pirámide del odio

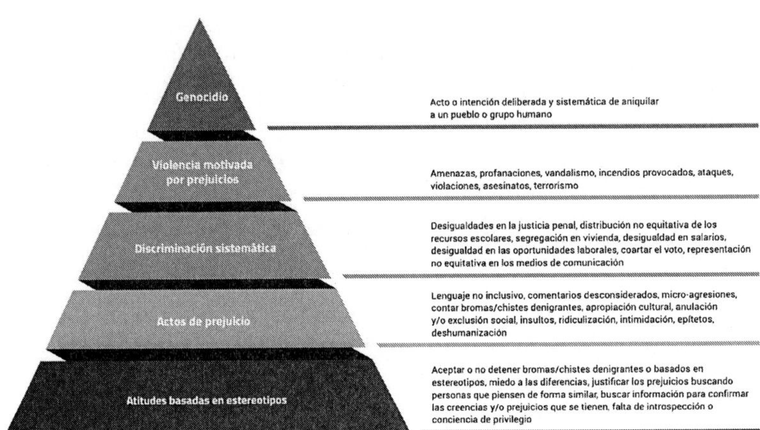

Fuente: https://www.adl.org/education/resources/tools-and-strategies/piramide-del-odio

En este apartado, se resalta la inclusión de diversos colectivos dentro de los crímenes de odio, abarcando aspectos como raza, etnicidad, origen nacional, nacionalidad, religión, sexo y género, así como también a personas lesbianas, gais, bisexuales, transexuales y aquellas con discapacidad. Es fundamental comprender que estos crímenes se configuran cuando el motivo subyacente es el prejuicio del agresor hacia estos grupos específicos.

En el abordaje de los crímenes de odio, se destaca que no todos afectan a las víctimas por sus características personales directas. Algunos implican a individuos que son blanco no por sus propias características, sino por su asociación con personas hacia las cuales el agresor sostiene prejuicios. Las víctimas por asociación pueden abarcar parejas interraciales, así como aquellos que respaldan minorías o causas de derechos humanos, incluyendo a miembros de grupos y organizaciones que trabajan en pro de los derechos humanos para minorías, como inmigrantes, personas LGBTQ+ y otros colectivos.

Como reflexión final sobre la relación entre estereotipos en los delitos de odio y discriminación, se plantea la idea del miedo como un sentimiento inherentemente conservador en la naturaleza humana. La sociedad permeada por el miedo tiende a generar desconfianza, paranoia, individualismo y temor colectivo, según la perspectiva de Bartrina (2018). Este análisis sugiere que, en ocasiones, los comportamientos de odio y discriminación pueden derivarse del miedo, expresando este sentimiento conservador a través de estereotipos (pensamientos) y prejuicios (sentimientos). El reconocimiento de estos aspectos psicológicos subyacentes es esencial para una comprensión más profunda y, por ende, para la efectiva prevención y abordaje de los delitos de odio y la discriminación.

Uriarte (2019) nos brinda una detallada descripción de las características salientes de los estereotipos, yendo más allá de las ya mencionadas, al abordar aspectos relacionados con los tipos de colectivos más afectados. Entre las dimensiones que destaca, se encuentra el origen de los estereotipos, que remonta su definición a los modelos de plomo utilizados en la imprenta para formar tipos o letras. Este origen metafórico sugiere que los estereotipos funcionan como moldes mentales predefinidos, fijando características de antemano.

En cuanto a sus funciones, Uriarte señala que los estereotipos desempeñan un papel ordenador tanto cognitiva como socialmente. Ofrecen la sensación de un mundo organizado según nuestros prejuicios, permitiéndonos enfrentar la realidad de manera simplificada y rápida, recurriendo a consideraciones previamente aprendidas. Sin embargo, el problema yace en que estos no se basan en la experiencia directa, sino en juicios transmitidos, lo que a menudo la carga de hostilidad hacia grupos desfavorecidos y los llena de aprobación por los favorecidos, fomentando así la segregación y obstaculizando la relación con el otro.

Uriarte advierte que el uso de estereotipos en la prensa o como modeladores de opinión es una herramienta peligrosa en la actualidad, ya que moviliza a las masas hacia afectividades muchas veces infundadas en lugar de promover el entendimiento y el respeto mutuo. Los estereotipos raciales y culturales, por ejemplo, pueden conducir respectivamente al racismo y la xenofobia. Esta percepción negativa del término "estereotipo" está reservada para opiniones o discursos caricaturizantes.

El concepto de cliché, vinculado intrínsecamente a los estereotipos, se destaca como una herramienta en la representación ficcional o periodística, refiriéndose a lugares comunes que simplifican rápidamente conjuntos convencionales de significados y sentidos.

La transmisión de estereotipos se realiza culturalmente a través de diversos canales, desde la crianza hasta la educación formal, los medios de comunicación, la literatura de masas y la publicidad. Para que un estereotipo se consolide como tal, debe ser aceptado masivamente por una comunidad humana específica, formando parte de discursos públicos y manifestándose en opiniones y conversaciones cotidianas, incluso en formas de humor.

Uriarte también explora la diferencia entre estereotipos y arquetipos, resaltando que estos últimos provienen de elaboraciones culturales más primitivas, relictos arcaicos de culturas primitivas que persisten en la contemporaneidad. Mientras los arquetipos son formas diversas pero semejantes que exploran significados tradicionalmente asociados con lo paterno, los estereotipos reproducen modelos fijos y estándares.

La autora plantea que los estereotipos actúan como discursos apaciguadores, reduciendo la angustia frente a lo desconocido y lo nuevo, brindando un supuesto conocimiento previo para no abordar lo novedoso con las manos vacías. Sin embargo, también ejercen un papel apaciguador en el cambio social, al imponer modelos de relaciones ya ordenados, dificultando la concepción de nuevas formas de pensar en sociedades.

En el contexto de la cultura 2.0 e Internet, se señala que la llegada de nuevas formas de estereotipo, como el friki, el nerd, el gamer, el otaku, el hipster, el millennial, entre otros, ha sido fomentada. Los estereotipos, en última instancia, representan una forma de percepción simplificada, dotada de pocos detalles, exagerada y generalizante sobre un grupo humano o una categoría social específica, siendo abordados siempre en plural y atribuyendo características supuestamente obligatorias al individuo basadas en la pertenencia al grupo (Uriarte, 2019).

PREJUICIOS

El concepto de prejuicio[1], como lo señala Aguilar García (2015), se revela como un juicio previo y desfavorable emitido

---

1 UNESCO. Declaración sobre raza y prejuicios:
Toda teoría que invoque una superioridad o inferioridad intrínseca de grupos raciales o étnicos, otorgando a unos el derecho a dominar o eliminar a los demás, presuntos inferiores, o que haga juicios de valor basados en una diferencia racial, carece de fundamento científico y es contraria a los principios morales y éticos de la humanidad. El racismo abarca las ideologías racistas, las actitudes fundamentadas en los prejuicios raciales, los comportamientos discriminatorios, las disposiciones estructurales y las prácticas institucionales que generan desigualdad racial. También incluye la falaz idea de que las relaciones discriminatorias entre grupos son moral y científicamente justificables. El racismo se manifiesta a través de disposiciones legislativas o reglamentarias, prácticas discriminatorias, creencias y actos antisociales. Obstaculiza el desarrollo de las víctimas, corrom-

hacia una persona o grupo sin un fundamento sólido y sin conocer verdaderamente a la persona o al colectivo en cuestión. Varias definiciones han surgido para abordar este fenómeno; entre ellas, se destacan dos perspectivas: la primera, según Allport (1954), lo define como una actitud de hostilidad o desconfianza hacia alguien debido a su pertenencia a un grupo, mientras que la segunda, propuesta por el Colectivo Amani (1994), lo describe como un juicio previo no comprobado, ya sea favorable o desfavorable, que tiende a orientar la acción en un sentido congruente.

Es crucial destacar que tener prejuicios no implica necesariamente discriminar a otros. No obstante, al predisponernos afectivamente hacia las demás personas, los prejuicios pueden evolucionar hacia actitudes o comportamientos discriminatorios (ACCEM, 2013).

La nomenclatura "crimen de odio" puede resultar engañosa, ya que muchos crímenes motivados por el odio no necesariamente se clasifican como tales, y un crimen donde el perpetrador no siente odio hacia la víctima puede ser considerado un crimen de odio (OSCE / ODIHR, 2009). En este sentido, el "odio" no es un requisito obligatorio para que un delito sea considerado como de odio; más bien, lo que lo define es que el autor elige a la víctima basándose en prejuicios hacia esa

---

pe a quienes lo practican, divide naciones internamente, constituye un obstáculo para la cooperación internacional y crea tensiones políticas entre pueblos. Es contrario a los principios fundamentales del derecho internacional y, por ende, perturba gravemente la paz y la seguridad internacionales.
El prejuicio racial, históricamente vinculado a las desigualdades de poder, tiende a intensificarse debido a las diferencias económicas y sociales entre individuos y grupos humanos, justificando aún hoy estas desigualdades. Este prejuicio racial está totalmente desprovisto de fundamento (UNESCO, 1978).

persona o el grupo al que pertenece. Por lo tanto, hablar de "crímenes motivados por prejuicios" puede ser más preciso, ya que el prejuicio, más que un sentimiento, es una opinión sin un fundamento suficiente en el conocimiento y, a menudo, surge del miedo o la desconfianza hacia ideas diferentes de las propias (Vallet, 2015).

El prejuicio es un componente fundamental de la violencia dirigida hacia individuos o grupos que son estigmatizados en la sociedad y en la época en que se lleva a cabo la conducta violenta (Gómez, 2005). Un acto delictivo común se convierte en un delito de odio cuando está motivado por prejuicios. El empleo del término "odio" puede sugerir que el perpetrador debe odiar a la víctima o al grupo al que pertenece, pero lo que realmente convierte un delito común en un delito de odio es que el autor selecciona a la víctima basándose en los prejuicios que tiene hacia esa persona o grupo en particular. Por lo tanto, los términos "delitos motivados por prejuicios" y "delitos de odio" pueden ser utilizados de manera intercambiable.

Además, el término "delitos discriminatorios" destaca que estos actos representan una forma extrema de discriminación (Guía para la persecución penal de los delitos de odio, 2016). Las leyes sobre este tema pueden variar en su lenguaje, algunas haciendo referencia a la "motivación de hostilidad" (OSCE / ODIHR, 2009), mientras que otras se centran en la elección de la víctima debido a las características de su grupo sin mencionar el estado emocional del autor.

La guía práctica sobre crímenes de odio (OSCE / ODIHR, 2009) indica que estos pueden cometerse por diversas razones, como resentimiento, celos, deseo de aprobación, pensamientos hostiles hacia el grupo de la víctima, hostilidad hacia cualquier persona fuera del grupo al que el autor se identifica o representación de una idea, como la inmigración, hacia la cual el perpetrador es hostil. Estas motivaciones, aunque no impliquen odio hacia el objetivo, serían suficientes para clasificar un caso como un crimen de odio si se cumple la característica de una infracción como base (Vallet, 2015). Estos delitos representan manifestaciones claras de intolerancia y discriminación basadas en características como la raza, el sexo, el lenguaje, la religión, la creencia u otras similitudes.

La importancia de estos delitos radica en un doble ataque, como señala Aguilar García (2015): por un lado, las víctimas son seleccionadas intencionalmente debido a la intolerancia, causándoles daños físicos y emocionales incalculables; por otro lado, se infunde miedo y amenaza indirecta a todo el colectivo al que pertenecen, generando sentimientos de inseguridad que representan una amenaza para la paz pública.

LA DISCRIMINACIÓN Y SUS TIPOLOGÍAS

La discriminación[2], si bien no se cataloga de manera específica como un delito de odio, comparte con este último la característica fundamental de estar motivada por prejuicios. Ambos fenómenos comparten el espacio de atención policial, ya que constituyen manifestaciones de intolerancia que impactan negativamente en la convivencia y la seguridad de la sociedad. En

---

2 Consejo de Europa
«la discriminación se produce cuando las personas reciben un trato menos favorable que el dispensado a las demás que se encuentran en una situación comparable solo porque forman parte, o se considera que pertenecen, a un determinado grupo o categoría de personas. Las personas pueden ser discriminadas debido a su edad, discapacidad, etnia, origen, creencias, raza, religión, sexo o género, orientación sexual, idioma, cultura y por muchos otros factores.

muchos casos, la discriminación no solo precede o acompaña a los delitos de odio, sino que también puede constituir una circunstancia que agrava la gravedad de estos incidentes.

Es esencial comprender que, aunque la discriminación no sea considerada un delito de odio en términos penales, sigue siendo un acto ilegal que va en contra de los principios fundamentales de igualdad y respeto a la dignidad humana. La denuncia y la conciencia social son elementos clave para abordar eficazmente este problema.

La discriminación se manifiesta en diversas formas, cada una de las cuales resalta la necesidad de una acción proactiva para combatirla:

I. Discriminación directa: Se presenta cuando una persona es tratada de manera menos favorable que otra en situaciones similares, basándose en prejuicios relacionados con su identidad, como la raza, género, orientación sexual, entre otros.

II. Discriminación indirecta: Surge de normas, criterios o prácticas aparentemente neutrales pero que, en la práctica, generan desventajas específicas para ciertos grupos. Esta forma de discriminación requiere una evaluación más profunda de sus implicaciones y consecuencias.

III. Discriminación múltiple: Refleja la complejidad de las experiencias de discriminación al considerar que una persona puede enfrentar discriminación por múltiples motivos, y estas formas de discriminación pueden interactuar y reforzarse entre sí.

IV. Discriminación por asociación: Se produce cuando una persona es objeto de discriminación debido a su relación con otra persona que pertenece a un grupo particularmente vulnerable, ampliando así el alcance de la injusticia.

V. Discriminación por error: Sucede cuando se discrimina a una persona basándose en una percepción incorrecta sobre sus características, destacando la necesidad de educación y concientización para corregir malentendidos y estereotipos.

Es fundamental destacar que la lucha contra la discriminación se apoya en marcos legales y normativos tanto a nivel europeo como nacional. En la Unión Europea, existe una amplia normativa en materia de derechos humanos para fomentar la igualdad y prevenir la discriminación. En el caso específico de España, además de regulaciones específicas para abordar las principales formas de discriminación, se cuenta con normativas en los ámbitos administrativo, civil, laboral y penal para fortalecer la protección contra la discriminación en diferentes contextos.

En futuros capítulos, se profundizará específicamente en la regulación penal en el ámbito de los delitos de odio y discriminación, reconociendo su importancia en la protección de los derechos fundamentales y la construcción de sociedades más justas e inclusivas.

CONCLUSIÓN

En conclusión, este análisis profundo sobre estereotipos, prejuicios, delitos de odio y discriminación revela una conexión intrínseca entre estas manifestaciones negativas que afectan la convivencia social y la seguridad de los ciudadanos. La pirámide del odio, como representación gráfica, ilustra cómo los comportamientos sesgados crecen en complejidad, con consecuencias más peligrosas a medida que se escalan niveles.

El estereotipo, conformado por creencias sociales asociadas a categorías grupales, desencadena prejuicios que justifican y alimentan la discriminación. Estos prejuicios, juicios a priori y desfavorables emitidos sin fundamento, son la fuerza motriz que convierte un acto delictivo en un delito de odio. Este tipo de crímenes se manifiesta como una clara expresión de intolerancia y discriminación, fundamentada en características como la raza, el sexo, el lenguaje, la religión y otras similitudes.

Es crucial reconocer que estos delitos no solo afectan a las víctimas de manera individual, sino que generan un doble ataque al atemorizar a todo el colectivo al que pertenecen. Esto crea sentimientos de miedo, inseguridad y amenaza, impactando indirectamente la seguridad y tranquilidad de toda la sociedad.

La discriminación, aunque no sea un delito de odio específico, comparte con este último la motivación por prejuicios, llevando a que ambos sean abordados policialmente en el mismo ámbito. Las diversas formas de discriminación, ya sea directa, indirecta, múltiple, por asociación o por error, subrayan la complejidad y variedad de las manifestaciones discriminatorias que deben ser enfrentadas.

En este contexto, la importancia de la legislación y normativas destinadas a prevenir y penalizar estos comportamientos se destaca como un pilar fundamental para la construcción de sociedades más justas, igualitarias e inclusivas. La conciencia social, la educación y la denuncia activa son herramientas esenciales en la lucha contra estereotipos, prejuicios, delitos de odio y discriminación, contribuyendo a la creación de entornos donde la diversidad sea respetada y celebrada.

Capítulo 2. Identificación de los actos motivados por odio y discriminación

ANÁLISIS CONCEPTUAL SOBRE EL DELITO DE ODIO

La definición de delitos de odio y discriminación no cuenta con un consenso claro a nivel nacional, por lo que resulta imperativo referirse al concepto proporcionado por la OSCE. Este concepto requiere ser contextualizado en relación con los diversos artículos dispersos en el código penal, ya que no existe un título específico para los delitos de odio.

Asimismo, es esencial examinar los denominados "indicadores de polarización", que desempeñan un papel crucial en la identificación de situaciones que constituyen delitos de odio o discriminación. Estos indicadores deben ser debidamente recopilados en el informe policial, el cual será remitido al Fiscal Delegado para los delitos de odio y contra la discriminación. Este enfoque integral busca proporcionar un marco más amplio y comprensivo para abordar la complejidad de estos fenómenos legales.

La falta de un consenso claro en la definición de delitos de odio[3] y discriminación en la actualidad hace necesario recurrir a la definición proporcionada por la Oficina para las

---

3 ODIHR
«(A) Cualquier infracción penal, incluyendo infracciones contra las personas o las propiedades, donde la víctima, el local o el objetivo de la infracción se elija por su, real o percibida, conexión, simpatía, filiación, apoyo o pertenencia a un grupo como los definidos en la parte B;

Instituciones Democráticas y Derechos Humanos (ODIHR) de la Organización para la Seguridad y la Cooperación en Europa (OSCE) en 2003. Según esta definición, un delito de odio abarca cualquier infracción penal, ya sea contra personas o propiedades, en la que la elección de la víctima, el lugar o el objetivo se basa en una conexión real o percibida con un grupo específico definido por características comunes (OSCE, 2003).

Este enfoque se aleja de categorías jurídicas específicas y destaca el odio como un elemento común en diversos comportamientos delictivos. Sin embargo, su aplicación plena en todos los países de Europa se ve dificultada por las diferencias legislativas existentes, requiriendo adaptaciones en cada Estado para concordar con su marco normativo particular.

Un delito de odio se caracteriza por ser un acto ilegal que implica la selección intencional de una víctima basada en sesgos o prejuicios del perpetrador hacia el estatus real o percibido de la víctima (Aguirre, 2011). Estos actos, que abarcan violencia e intimidación, suelen dirigirse a grupos previamente estigmatizados y marginados. De esta manera, funcionan como mecanismos de poder y opresión, con la intención de reafirmar las precarias jerarquías presentes en un orden social dado (De-Cózar y Gómez, 2011; Perry, 2001).

En este contexto, un delito de odio no solo es un acto que afecta a la víctima directa, sino que se extiende a los miembros del colectivo al que pertenece, transmitiendo un mensaje de amenaza generalizada. Este enfoque distorsiona las relaciones sociales, estableciendo divisiones entre el "Yo" y el "Otro"

(B) Un grupo debe estar basado en una característica común de sus miembros, como su raza real o perceptiva, el origen nacional o étnico, el lenguaje, el color, la religión, el sexo, la edad, la discapacidad intelectual o física, la orientación sexual u otro factor similar.»

y perpetuando patrones de desigualdad social y política más amplios (Perry, 2001).

En un contexto de delitos de odio, las víctimas no son meramente seleccionadas al azar; más bien, son elegidas de manera deliberada debido a la intolerancia que el perpetrador alberga hacia ciertos rasgos o características de la víctima. Esta selección intencional no solo tiene un impacto directo en la persona afectada, sino que también conlleva una gravedad adicional. La gravedad radica en que, al atacar a individuos específicos, se envía un mensaje de temor y amenaza a toda la comunidad a la que pertenecen.

Esta amenaza no se limita a un nivel individual; se extiende al colectivo al que pertenecen las víctimas. Como resultado, se generan sentimientos generalizados de miedo e inseguridad entre los miembros de esa comunidad. La amenaza no solo se experimenta de manera directa por aquellos que comparten características similares a las de las víctimas, sino que también afecta indirectamente a la seguridad y la tranquilidad de todos los ciudadanos en ese entorno.

Este enfoque no solo resalta la naturaleza individual de los delitos de odio, sino que también subraya su impacto más amplio en la colectividad, contribuyendo así a la comprensión integral de la gravedad y las consecuencias de estos actos (Aguilar-García, et. al. 2015).

La trascendencia de los delitos de odio va más allá de la agresión dirigida a la víctima de forma individual, expandiéndose hacia el colectivo al que pertenece. Este fenómeno genera una sensación de vulnerabilidad entre los miembros de la comunidad afectada, transmitiendo la idea de que podrían ser blanco de actos similares. Esta percepción colectiva de amenaza contribuye a socavar la libertad y la seguridad del grupo en su conjunto, afectando indirectamente a la paz y la tranquilidad de la sociedad.

Es crucial destacar que el odio no requiere necesariamente un blanco específico a nivel individual; más bien, se dirige hacia lo que Díaz-López (2012) describe como "una determinada clase de persona". Este enfoque hacia una categoría generalizada basada en prejuicios hacia características compartidas conduce al repudio no solo de la condición personal en abstracto, sino también del individuo mismo que pertenece a esa categoría estigmatizada. Este proceso de categorización y estigmatización refleja una dinámica compleja en la cual el odio se extiende más allá de la esfera individual para abarcar a todo un grupo social.

En este orden de ideas, resulta imperativo considerar los delitos de odio desde dos funciones claras, como señala Craig (2002). En primer lugar, cumplen una función simbólica al comunicar un mensaje, aunque sea de odio, a la comunidad o grupo afectado. La víctima se convierte en un símbolo de un grupo social despreciado, impactando en la percepción de ese colectivo y afectando su identidad. En segundo lugar, cumplen una función instrumental al influir en las acciones de los miembros tanto del grupo de las víctimas como de los autores. La restricción de comportamientos y movimientos, así como la alteración de rutinas, son respuestas comunes ante la perpetración de delitos de odio.

En el contexto legal español, al igual que en otros países europeos, no existe una descripción específica del delito de odio y la discriminación, ni tampoco se presenta como tal en el código penal. Es decir, los delitos de odio no están inherentemente ligados a categorías jurídicas específicas, sino que abarcan un conjunto de conductas con un elemento común: el odio, que a su vez genera discriminación y aversión. En algunas instancias, estos delitos pueden dar lugar a acciones típicas novedosas, mientras que en otras establecen la cualificación de conductas ya tipificadas en el código penal. Esto se aplica en virtud del motivo o ánimo subjetivo que impulsa al autor a cometer el delito, siendo este el odio, la animadversión o la hostilidad abierta hacia personas o colectivos mencionados en la definición de la OSCE-ODIHR, con especial atención a la gravedad de la lesión del bien jurídico protegido, la dignidad humana.

Por ende, en el código penal español, los delitos de odio se componen de dos elementos esenciales: la perpetración de un delito común y la motivación del autor por el odio, que verdaderamente impulsa al autor a cometer la infracción. En resumen, para que se configure un delito de odio, es condición sine qua non que exista una conducta tipificada por el derecho penal (un tipo penal "base") dirigida contra una o más personas o sus bienes, y que esta conducta se lleve a cabo mediante una motivación de odio o prejuicio hacia una característica concreta de la víctima.

En este sentido, la motivación del perpetrador es el factor que puede transformar cualquier delito común en un delito de odio. Mientras que, por lo general, en la comisión de un delito común, la motivación puede resultar irrelevante para esclarecer el caso o determinar la pena, en los delitos de odio y discriminación, esta motivación en la elección de la víctima adquiere una relevancia fundamental. Estos delitos se refieren inicialmente a infracciones comunes que se ven agravadas por la motivación del autor y/o la selección discriminatoria de la víctima[4] (Lawrence, 2006; Iganski, 2008).

---

4 Igualmente, cuando se habla de discriminación se debe acudir a la definición recogida en la Observación General no18 de la no discriminación (párrafo 7) del Comité de Derechos Humanos de las Naciones Unidas (Organización de Naciones Unidas, 1989):[...] debe entenderse referido a toda distinción, exclusión, restricción o preferencia que se basen en determinados motivos, como la raza, el color, el sexo, el idioma, la religión, la opinión política o de otra índole, el origen nacional o social, la posición económica, el nacimiento

Como consecuencia, el delito de odio y discriminación presenta un componente adicional en comparación con otros delitos comunes, ya que el objetivo del perpetrador no solo es causar daño a la víctima, como ocurre en los delitos comunes, sino también transmitir un mensaje de rechazo y amenaza a los individuos que pertenecen al mismo colectivo que la víctima. Esto se debe a que las características colectivas de la víctima, como la etnia, el género o el idioma, suelen ser aparentes o perceptibles para los demás y, además, suelen ser generalmente inmutables. Aquellos que las poseen no pueden modificarlas a voluntad, ni pueden disminuir la probabilidad de ser objeto de agresiones nuevamente (Assiego-Cruz et al., 2018). Se trata, por lo tanto, de un sujeto pasivo plural en el que la víctima es seleccionada intencionalmente por su pertenencia o relación con un grupo específico, no siendo atacada por ser ella misma, sino por lo que representa.

Considerando estas apreciaciones, se observa que el código penal español aborda este tipo de delitos principalmente mediante la consideración de la comisión de un delito "base", es decir, cualquier delito contemplado en el código penal. Se añade a esta base la agravante genérica establecida en el artículo 22.4: "Cometer el delito por motivos racistas, antisemitas u otra clase de discriminación referente a la ideología, religión o creencias de la víctima, la etnia, raza o nación a la que pertenezca, su sexo, edad, orientación o identidad sexual o de género, razones de género, de aporofobia o de exclusión social, la enfermedad que padezca o su discapacidad, con independencia de que tales condiciones o circunstancias concurran efectivamente en la persona sobre la que recaiga la conducta".

---

o cualquier otra condición social, y que tengan por objeto o por resultado anular o menoscabar el reconocimiento, goce o ejercicio, en condiciones de igualdad, de los derechos humanos y libertades fundamentales de todas las personas.

Este enfoque se basa en un catálogo cerrado o numerus clausus, que solo contempla la agravante genérica para los casos mencionados. No obstante, diversas organizaciones y asociaciones de la sociedad civil han abogado durante años por la reforma de este artículo, proponiendo una cláusula abierta que permita incluir otras realidades sociales relevantes en la categoría de delitos de odio. La sociedad actual es dinámica y cambia constantemente, y, por lo tanto, se encuentra en estudio la posibilidad de incorporar una cláusula abierta, que permita adaptarse a diversas realidades sociales basándose en la definición de la OSCE o en los artículos de la Constitución Española mencionados al inicio de este trabajo, es lo que se conoce como *numerus apertus.*

Asimismo, a lo largo del código penal español, se encuentran dispersos diversos tipos penales donde la motivación de prejuicio emerge como parte inherente del elemento del tipo. Algunos de estos tipos penales incluyen:

- Delito de amenazas a colectivos (art. 170.1 CP)
- Delitos contra la integridad moral (art. 173 CP a 176 CP)
- Delito de descubrimiento y revelación de secretos o vulneración de la intimidad (art 197 CP)
- Delito de discriminación laboral (art 314 CP)
- Delito de provocación al odio, la violencia y la discriminación (art 510- 510 bis CP)
- Delito de denegación de prestaciones en un servicio público (art 511 CP)
- Delito de denegación de prestaciones en el marco de una actividad empresarial o profesional (art 512 CP)
- Delito de asociación ilícita (art 515 CP)
- Delitos contra la libertad de conciencia y los sentimientos religiosos (art 522 a 525 CP)

- Delitos de genocidio y de lesa humanidad (Art 607 y 607 bis CP)
- Es crucial destacar el artículo 510 del código penal, el cual aborda la mayoría de las conductas susceptibles de ser consideradas como delito de discurso de odio. Este artículo será tratado detalladamente en otro tema de este curso.

Cabe señalar que en esta lista se ha incluido la aporofobia (fobia al pobre o a la persona sin hogar), que inicialmente no estaba contemplada por el legislador en la redacción original del artículo 22.4 del código penal. Antes de la reforma que incorporó este colectivo, el Ministerio Fiscal intentaba enmarcarlo en sus escritos de acusación bajo el tipo penal del artículo 173 del código penal, al considerar que se atentaba contra la integridad moral de estas personas.

El imperativo de proporcionar formación y sensibilización se revela como un componente esencial para la efectiva erradicación de esta lacra delictiva, involucrando a todos aquellos con responsabilidades en los ámbitos de la Seguridad y la Justicia (Aguilar García, 2015). Este compromiso abarca a diversos profesionales, desde jueces, fiscales, secretarios judiciales, forenses, y personal de la oficina judicial, hasta abogados y funcionarios de las Fuerzas y Cuerpos de Seguridad.

La formación y sensibilización se erigen como pilares fundamentales para garantizar una respuesta eficiente ante los delitos de odio y discriminación. Los jueces y fiscales, en su papel crucial de administradores de justicia, requieren una comprensión profunda de las complejidades y manifestaciones de estos delitos, así como de las implicaciones sociales que conllevan. Los secretarios judiciales y el personal de la oficina judicial desempeñan un papel clave en la tramitación de casos, por lo que su conocimiento sobre estos temas contribuye significativamente a un tratamiento adecuado de los casos.

Los forenses, con su experiencia técnica, pueden aportar una perspectiva valiosa para identificar y documentar adecuadamente los delitos de odio, mientras que los abogados, como defensores de los derechos individuales, deben estar capacitados para abordar las complejidades legales y sociales asociadas con estos delitos. Asimismo, el personal de las Fuerzas y Cuerpos de Seguridad, como primeros respondedores, desempeña un papel crucial en la prevención y el manejo inicial de incidentes, requiriendo una formación específica para identificar y abordar adecuadamente los delitos de odio en el ámbito policial.

La formación integral y la sensibilización en todos estos ámbitos son esenciales para construir una respuesta coordinada y efectiva contra los delitos de odio y discriminación. La comprensión profunda de la naturaleza de estos delitos, sus motivaciones y consecuencias, es crucial para garantizar que la justicia sea equitativa y que las víctimas reciban el apoyo y la protección necesarios.

LOS INDICADORES DE POLARIZACIÓN EN DELITOS DE ODIO

La adecuada calificación jurídico-penal de los actos que constituyen ilícitos en el ámbito de los delitos de odio es de suma importancia para proporcionar una respuesta proporcional a la gravedad de los hechos, especialmente considerando la posible aplicación de la agravante establecida en el artículo 22.4 del Código Penal. En este contexto, se subraya la relevancia no solo de la descripción detallada proporcionada por los cuerpos policiales sobre lo ocurrido y la motivación detrás de los hechos, así como las declaraciones de víctimas, autores y testigos, sino también de la correcta elaboración de actas de inspección ocular acompañadas de material fotográfico o videográfico que documente vestigios como símbolos, anagramas, vestimenta o tatuajes de los presuntos autores, entre otras pruebas que objetiven elementos subjetivos por parte del autor de los hechos.

En este sentido, es imperativo que los miembros de las Fuerzas y Cuerpos de Seguridad cuenten con una formación específica y cualificada que les habilite para identificar si los hechos que están investigando pueden clasificarse como un delito motivado por el odio o la discriminación. Esta formación tiene como objetivo capacitar al personal policial para garantizar y dirigir la investigación hacia la adecuada acreditación de los indicadores que caracterizan estas conductas delictivas, es decir, los denominados "indicadores de polarización". La detección precisa de estos indicadores es esencial para determinar la existencia de un delito de odio y, por ende, para una actuación judicial efectiva.

Los indicadores de polarización constituyen un conjunto de elementos esenciales que deben ser meticulosamente recopilados e integrados en el atestado policial. Su función principal es proporcionar a fiscales y jueces indicios racionales de criminalidad que respalden la formulación de cargos y, en caso necesario, la emisión de condenas. La presencia de uno o varios de estos factores debería ser suficiente para dirigir la investigación policial hacia la determinación de una posible motivación racista, xenófoba u otra de naturaleza similar en el delito perpetrado.

Es crucial subrayar la importancia de las actas de inspección ocular elaboradas por la Policía Judicial en este proceso, ya que estas tienen repercusiones significativas en la posible adopción de medidas cautelares, como la prisión provisional o la prohibición de acercamiento del autor a la víctima, de acuerdo con lo establecido en el artículo 503.1.1º y el artículo 544 ter de la Ley de Enjuiciamiento Criminal (Real Decreto de 14 de septiembre de 1882 por el que se aprueba la Ley de Enjuiciamiento Criminal).

Tomando en consideración los factores de polarización delineados por la Fundación de la Abogacía Española en su Guía Práctica para la determinación de la acreditación de la motivación basada en el odio y la discriminación, es relevante destacar algunos factores. La identificación y calificación de delitos de odio requiere una evaluación integral de diversos factores que van más allá de la mera ejecución del acto delictivo. Estos factores proporcionan una visión profunda de la posible motivación de odio detrás de las acciones, permitiendo a las autoridades judiciales y policiales abordar eficazmente la gravedad de estos incidentes. Aquí se detallan con mayor amplitud los elementos cruciales a considerar:

- Pertenencia de la víctima a un colectivo minoritario:

La discriminación y el odio por asociación, donde la víctima es seleccionada no solo por pertenecer directamente al grupo minoritario, sino también por ser un activista, estar en compañía de miembros de ese grupo, o incluso formar parte de una organización que defiende los derechos de minorías. Esto subraya la complejidad de los motivos subyacentes.

- Expresiones o comentarios discriminatorios:

La recopilación detallada de expresiones o comentarios racistas, xenófobos, homófobos u ofensivos proporciona una evidencia clara de la intencionalidad discriminatoria del autor. La literalidad de estas expresiones, documentada en las declaraciones de la víctima o testigos, es esencial para respaldar una investigación efectiva.

- Elementos visuales y estéticos del autor:

Los tatuajes, vestuario o estética del autor no solo son elementos superficiales, sino que pueden tener una carga simbólica significativa relacionada con el odio. La inclusión de informes fotográficos en los atestados garantiza una representación gráfica precisa del perfil del autor y su posible motivación.

- Propaganda o símbolos extremistas:

La presencia de propaganda, estandartes, banderas o pancartas de carácter extremista o radical en posesión del autor o encontradas en su domicilio proporciona un contexto importante. La filmación o fotografía de estos elementos durante un registro domiciliario fortalece la conexión entre el autor y posibles motivaciones extremistas.

- Antecedentes policiales del sospechoso:

La revisión de antecedentes debe ser integral, abarcando participación previa en eventos, conferencias o manifestaciones caracterizadas por hostilidad hacia colectivos minoritarios. La equiparación de antecedentes penales con otros países de la Unión Europea amplía la perspectiva de reincidencia.

- Cercanía a lugares sensibles:

La evaluación de la ubicación del incidente, particularmente si ocurre cerca de lugares de culto, cementerios o establecimientos de grupos minoritarios, destaca la posible intencionalidad de atacar lugares considerados sagrados o significativos para dichos colectivos.

- Relación con grupos ultras del fútbol:

La conexión del sospechoso con grupos ultras del fútbol, verificada mediante datos de coordinadores de seguridad en estadios y registros de sanciones en el deporte, amplía la comprensión de sus posibles motivaciones y actividades previas.

- Relación con grupos o asociaciones hostiles:

La investigación sobre la vinculación del sospechoso con grupos o asociaciones hostiles hacia colectivos específicos ofrece una visión más completa de su ideología y posibles motivaciones.

- Aparente gratuidad de los actos violentos:

La aparente falta de un motivo manifiesto para los actos violentos, cuando no hay otra explicación evidente, se convierte en un indicio poderoso de que la motivación podría estar arraigada en el odio, y no en otras circunstancias.

- Enemistad histórica o disputa:

La existencia de enemistad histórica entre los miembros del grupo de la víctima y el presunto culpable sugiere un contexto más amplio que puede tener raíces profundas en el odio.

- Hechos en fechas o lugares significativos:

La ocurrencia de los hechos en fechas, horas o lugares significativos para la comunidad o colectivo de destino añade capas de complejidad y posiblemente indica una planificación cuidadosa por parte del delincuente.

- Día, hora o lugar relacionado con símbolos o eventos históricos:

La elección específica de día, hora o lugar puede tener connotaciones históricas o simbólicas, lo que sugiere una intención deliberada de asociar el acto con eventos o ideologías específicas.

La consideración meticulosa de estos factores proporciona una visión comprehensiva para determinar la motivación de odio detrás de un delito, asegurando una respuesta legal acorde a la gravedad de la situación y promoviendo la justicia en la lucha contra estos crímenes.

CONDUCTA DELICTIVA

En la indagación de delitos de odio, la conducta de los infractores se manifiesta en diversas fases: antes, durante y después de la perpetración de actos discriminatorios. En muchas ocasiones, los propios autores documentan sus acciones utilizando dispositivos móviles, compartiendo posteriormente estos registros en plataformas en línea con el propósito de enaltecer sus acciones y presumir frente a sus círculos sociales. El análisis de sus dispositivos electrónicos, previa autorización judicial, emerge como una herramienta crucial para obtener pruebas sustanciales. Se han documentado casos donde tales grabaciones resultaron fundamentales para establecer las motivaciones detrás de los actos, proporcionando información esencial que orienta a los investigadores hacia la consecución de condenas. Es importante tener en cuenta que estas medidas pueden no ser aplicables en todos los casos y dependerán de la gravedad del delito.

Desde el ámbito académico, aún persiste la falta de consenso sobre qué debe considerarse como un delito grave. No obstante, la doctrina establecida por el Tribunal Constitucional resalta que la gravedad de la infracción punible no puede limitarse únicamente a la calificación de la pena prevista por la ley.

Es relevante señalar que es común que los autores materiales de estos delitos sean miembros de grupos u organizaciones deliberadamente constituidos para difundir ideologías de odio. Dentro de estas agrupaciones, se promueve y alienta la comisión de actos violentos dirigidos contra colectivos específicos, como inmigrantes, homosexuales o personas de otras religiones.

Siguiendo las directrices de la Circular 7/2019, de 14 de mayo, de la Fiscalía General del Estado, sobre pautas para interpretar los delitos de odio tipificados en el artículo 510 del Código Penal), en situaciones de especial gravedad o complejidad, cobra relevancia la utilización de la denominada "prueba pericial de inteligencia". Esta prueba, enmarcada en el artículo 370.4 de la Ley de Enjuiciamiento Civil, se emplea para adentrarse en las entrañas de colectivos que, debido a la opacidad en la que desarrollan sus conductas ilícitas, no permiten contar con fuentes de prueba convencionales. En relación con los requisitos de esta prueba, las Sentencias del Tribunal Supremo destacan su singularidad y la necesidad de conocimientos especializados para valorar documentos o estrategias particulares.

Un detalle no menos relevante es que el atestado resultante de la investigación deberá ser remitido al Fiscal Delegado Provincial para los delitos de odio y contra la discriminación, incluso cuando el autor sea desconocido. Es aconsejable destacar en la portada del informe la posible naturaleza del delito de odio, codificando tanto el tipo de hecho como el contexto discriminatorio subyacente.

En el caso de involucrar a menores de edad en las diligencias, se informará al Fiscal de Menores y se comunicarán los hechos investigados al Juzgado de Instrucción correspondiente. Este protocolo asegura una atención adecuada a los aspectos legales y sociales vinculados a infractores juveniles.

Es crucial contar con un registro minucioso de las diligencias para obtener una visión integral de los delitos de odio en nuestro país. Este proceso es fundamental para captar la complejidad y las diversas facetas de estos incidentes discriminatorios.

En este contexto, es relevante destacar que otras instituciones también desempeñan un papel significativo en la gestión de los delitos de odio. La Secretaría General de Instituciones Penitenciarias, en octubre de 2018, inició el "Programa Diversidad: por la igualdad de trato y no discriminación y frente a los delitos de odio". Este programa, de carácter voluntario para personas privadas de libertad y de cumplimiento obligatorio para aquellos condenados a penas alternativas o restitutivas, pone un énfasis especial en la reparación del daño causado a la víctima.

Dirigido a personas condenadas por delitos de odio según el artículo 510 y siguientes del Código Penal, así como a aquellos con penas agravadas por motivos racistas, antisemitas u otra forma de discriminación según el artículo 22.4, este programa psicoeducativo de intervención tiene una duración de un año y comprende alrededor de 50 sesiones, comenzando de manera individual y luego progresando a sesiones grupales.

El tratamiento se estructura en cuatro fases:

- Fase de Evaluación: Se realiza una evaluación exhaustiva de la situación.
- Fase Terapéutica: Propone intervenciones dirigidas contra el autoritarismo, la intolerancia, la baja autoestima y los prejuicios, entre otros aspectos.
- Fase de Seguimiento: Se monitorean los resultados del tratamiento para ajustarlo según sea necesario.
- Fase de Justicia Restaurativa: Se propicia un encuentro pactado entre el delincuente y la víctima, con el objetivo de restaurar la justicia de manera consensuada.

Este programa no solo busca sancionar, sino también rehabilitar a los infractores, abordando las causas subyacentes de su comportamiento y promoviendo la responsabilidad y el respeto hacia la diversidad.

Capítulo 3. Normativas contra los crímenes motivados por odio y discriminación en el ámbito penal

FUNDAMENTOS JURÍDICOS DE LOS DELITOS DE ODIO Y DISCRIMINACIÓN EN EL MARCO LEGAL ESPAÑOL

Resulta relevante citar las directrices establecidas en la Circular 7/2019, emitida el 14 de mayo por la Fiscalía General del Estado, que aborda la interpretación de los delitos de odio contemplados en el artículo 510 del Código Penal. Estas pautas se desglosan de la siguiente manera:

Se establece que los delitos de odio se configuran como delitos de peligro abstracto, a excepción de la infracción de resultado especificada en el primer inciso del art. 510.2.a) CP. En esta categoría, se anticipa la sanción penal a conductas que representan un riesgo para bienes jurídicos relevantes en el sistema democrático. La jurisprudencia respalda esta perspectiva, como se evidencia en la STS n.o 259/2011, de 12 de abril, que demanda la presencia de "un peligro real para los bienes jurídicos protegidos". En este contexto, se destaca que no es necesario un peligro concreto, siendo suficiente el peligro abstracto o potencial, con énfasis en la capacidad de la conducta para generar un riesgo relevante.

En relación con la naturaleza del discurso de odio, la Circular enfatiza que el delito de odio, a excepción de la infracción mencionada en el primer inciso del art. 510.2.a) CP, adopta la forma de peligro abstracto. Este enfoque prescinde de la necesidad de fomentar un acto concreto, centrándose en la aptitud para generar un clima de odio o discriminación. Este clima puede dar lugar a acciones hostiles hacia un grupo o sus integrantes, reflejando una intolerancia excluyente hacia aquellos que son percibidos como diferentes.

La jurisprudencia, ejemplificada en la STS n.o 72/2018, de 9 de febrero, destaca que el tipo penal del artículo 510 CP está estructurado como un delito de peligro, donde basta con la generación de un peligro contenido en el "discurso del odio". Este mensaje en sí mismo es considerado lesivo y contrario a la convivencia, según lo establecido en los Convenios Internacionales. Este enfoque legal se reafirma en la STS n.o 79/2018, de 15 de febrero, que hace referencia a la STC n.o 112/2016.

Asimismo, la STS n.o 259/2011, de 12 de abril, previamente mencionada, plantea una cuestión relevante al indagar si el carácter peligroso radica en el contenido difundido o en la relación entre la difusión y su contenido. Esta sentencia concluye que la existencia del peligro depende tanto del contenido como de la forma de difusión, subrayando la importancia de evaluar la sociedad o el ámbito social al que van dirigidos los actos cuestionados. En este sentido, una idea u opinión puede representar un riesgo para los bienes jurídicos protegidos según el contexto histórico o las circunstancias sociales en las que se manifiesta la conducta. Es decir, un mismo hecho puede o no encontrar un "caldo de cultivo" adecuado para influir los sentimientos o conductas de terceros hacia una dirección peligrosa, dependiendo del entorno.

En este contexto, no se trata simplemente de exigir la concurrencia de un contexto de crisis previo, sino de evaluar la potencialidad de la conducta para crear un peligro real para el bien jurídico protegido. Por lo tanto, no basta con la mera difusión, sino que se requiere la difusión en condiciones que tengan el potencial de generar un riesgo sustancial para el bien jurídico en cuestión.

En resumen, según la STS n.o 335/2017, de 11 de mayo, es esencial que la conducta delictiva contribuya a "alimentar un clima favorable a la reproducción o se constituya en germen, remoto pero real, de nuevas acciones de esa naturaleza, acciones que socaven los fundamentos del Estado de Derecho".

MANIFESTACIONES LEGALES DE ODIO Y ACTOS DISCRIMINATORIOS

En la evaluación de la agravante por motivos discriminatorios, los tribunales consideran varios aspectos cruciales. En primer lugar, se analiza el elemento subjetivo del sujeto activo, que abarca aquellos elementos que confieren una dimensión personal a la ejecución de un acto delictivo. En esencia, esto implica examinar la intención, el estado de ánimo y, por supuesto, la motivación que impulsó al sujeto activo a actuar de determinada manera.

Un segundo criterio relevante es la existencia de un delito base, es decir, un acto previamente catalogado como delito en el Código Penal. La conexión entre la conducta discriminatoria y el acto delictivo subyacente es esencial para la aplicación de esta agravante[5].

---

[5] El Artículo 22.4 del Código Penal establece un catálogo cerrado de motivaciones que, de estar presentes, constituirán una agravante en el delito. Este numerus clausus detalla exhaustivamente las motivaciones que pueden dar lugar a un agravamiento de la responsabilidad penal. Dichas motivaciones incluyen actuar con base en motivos racistas, antisemitas, o cualquier forma de discriminación relacionada con la ideología, religión o creencias de la víctima. Además,

Además, se destaca la independencia con respecto a la cualidad personal del sujeto pasivo, la entidad o el colectivo que es objeto de discriminación. La agravante se aplica de manera independiente, ya sea que el sujeto activo haya actuado correcta o erróneamente en relación con dicha cualidad.

En sintonía con estas consideraciones, resulta relevante examinar las pautas establecidas en la Circular 7/2019 de la Fiscalía General del Estado, que aborda detalladamente esta agravante discriminatoria en los delitos de odio tipificados en el artículo 510 del Código Penal. Se subraya que esta circunstancia modifica la responsabilidad criminal, siendo fundamentalmente subjetiva, ya que se basa en aspectos que pertenecen al juicio interno del autor. La carga de prueba se centra en inferir estos elementos motivacionales a partir de indicios circundantes al acto delictivo.

En consecuencia, la comprobación no solo se centra en la demostración del acto delictivo y la participación del acusado, sino también en la intencionalidad del autor. Este juicio de valor debe ser motivado conforme al artículo 120.3 de la Constitución Española. Esto implica que las Fuerzas y Cuerpos de Seguridad deben incluir en sus atestados, además de las pruebas del delito, los indicadores de polarización presentes en la conducta investigada, como se detalló previamente.

Dada la naturaleza subjetiva de esta agravante, surge la pregunta sobre si solo se aplicará cuando la cualidad personal objeto del móvil discriminatorio esté presente en el sujeto pasivo del delito. En caso afirmativo, no se podría aplicar

---

abarca aspectos como la etnia, raza o nación a la que pertenezca la víctima, su sexo, edad, orientación o identidad sexual o de género, así como razones de género, aporofobia, exclusión social, la enfermedad que padezca o su discapacidad.

la agravante de discriminación "por asociación" (relativa a una persona vinculada con el colectivo afectado, aunque no forme parte de él) o "por error" en la percepción del sujeto activo sobre la pertenencia de la víctima a un determinado grupo. Este análisis adicional resalta la complejidad de la evaluación de la agravante por motivos discriminatorios y su aplicabilidad en diversas circunstancias.

En situaciones de discriminación por error, el autor del delito comete la acción creyendo que la víctima posee ciertas características, como ser homosexual o extranjera, y actúa en consecuencia, guiado por motivos homófobos o xenófobos, tal como exige la redacción de la agravante. En casos de discriminación por asociación, el agresor comete el acto al vincular o asociar a la víctima con un grupo protegido según el Artículo 22.4 del Código Penal. Por ejemplo, esto podría incluir la agresión a una pareja mixta compuesta por una mujer blanca y un hombre negro, o la agresión a un voluntario de SOS Racismo que defiende los derechos de personas negras o extranjeras. En ambos casos, la agresión se considera racista porque el autor comete el delito por motivos racistas, según lo establecido en la agravante.

El Tribunal Europeo de Derechos Humanos ha enfatizado en diversas sentencias la obligación de los Estados del Consejo de Europa de llevar a cabo investigaciones oficiales efectivas para identificar y castigar a los responsables. Esta obligación incluye la aplicación de medidas razonables para determinar si existen motivaciones racistas y si los sentimientos de odio o prejuicios basados en el origen étnico han desempeñado un papel en los hechos denunciados.

En relación con el Artículo 22.4 del Código Penal, es fundamental destacar que lo relevante es que el sujeto actúe "por" alguno de los motivos contemplados en el mismo, no simplemente por la condición de la víctima. Este elemento subjetivo se refiere al ánimo o motivo específico de actuar por una de las motivaciones mencionadas en el precepto, excluyendo aquellos casos en los que estas circunstancias carezcan del suficiente relieve. Además, es importante señalar que no en todos los delitos en los que la víctima pertenezca a otra raza, etnia, nación, ideología, religión o tenga una condición sexual diferente, se aplicará la agravante.

Por último, el Artículo 22.4 del Código Penal carece de una coordinación sistemática adecuada con otros listados de causas discriminatorias en diferentes disposiciones del código. La agravante se basa en un catálogo taxativo de motivaciones discriminatorias, sin incluir una cláusula final abierta que abarque cualquier otra situación o factor similar a los expresamente recogidos en el texto penal, lo que impide su interpretación extensiva en situaciones no contempladas en el precepto, por reprochables que sean.

Se evidencia que cualquier delito base puede adquirir la categoría de delito de odio si se comete con una motivación de prejuicio, es decir, si esa motivación se encuentra entre las circunstancias contempladas en la agravante genérica del artículo 22.4 del Código Penal. No obstante, existe un conjunto específico de tipos penales que se perpetran con esta motivación prejuiciosa y que son considerados delitos de discriminación, razón por la cual caen bajo el "paraguas" de los delitos de odio. De ahí que la denominación más precisa sea la de delitos de odio y discriminación. En el próximo apartado se analizarán estos artículos siguiendo el Protocolo de Actuación mencionado anteriormente.

DELITO TIPIFICADOS

DELITOS DE AMENAZAS A COLECTIVOS

El artículo 170.1 del Código Penal aborda el delito de amenazas a colectivos, estableciendo que, si las amenazas de un mal que constituye delito están dirigidas a atemorizar a determinados grupos de personas, como los habitantes de una población, un grupo étnico, cultural o religioso, un colectivo social o profesional, u otro grupo específico, y poseen la gravedad necesaria para lograrlo, se impondrán penas superiores en grado a las previstas para las amenazas dirigidas a individuos.

Para que este tipo penal se configure, es necesario que las amenazas sean graves, y el mal con el que se amedranta al grupo sea constitutivo de delito. El mal puede referirse a diversas formas de daño o perjuicio que sean consideradas delitos en el ordenamiento jurídico.

Cuando se trata de amenazas dirigidas a colectivos, especialmente a través de actos como grafitis o pintadas con contenido intimidatorio en centros de culto, sedes de asociaciones culturales, partidos políticos, domicilios o establecimientos públicos donde se reúnen diferentes grupos, la valoración de la voluntad del autor es fundamental. En estos casos, la finalidad no es necesariamente causar daño material o patrimonial, sino infundir temor y amedrentar a los miembros del colectivo al que se hace alusión. Por lo tanto, se deben tener en cuenta las circunstancias específicas de cada situación y la gravedad de la amenaza proferida para orientar la investigación y llevar a juicio por un presunto delito contemplado en el artículo 170 del Código Penal.

DELITOS CONTRA LA INTEGRIDAD MORAL

En el complejo entramado legal que aborda los delitos contra la integridad moral, el artículo 173 del Código Penal establece las bases y requisitos esenciales para definir el atentado contra la dignidad de una persona. La sentencia del Tribunal Supremo 294/2003, de 16 de abril, ha sido un pilar fundamental en la interpretación de este artículo, consolidando una jurisprudencia aceptada pacíficamente.

El atentado contra la integridad moral se configura a partir de tres elementos claves:

1. Acto vejatorio: La acción debe ser clara e inequívoca, desarrollando un contenido vejatorio para el sujeto pasivo. Este componente es esencial para la tipificación del delito.
2. Padecimiento físico o psíquico: La concurrencia de sufrimiento físico o psíquico en la víctima añade una capa de gravedad al delito, ampliando su alcance y profundizando en el menoscabo de la integridad moral.
3. Comportamiento degradante o humillante: El acto debe ser degradante o humillante, destacando la incidencia directa en el concepto de dignidad de la persona o víctima. Esta dimensión subraya la gravedad del atentado contra la integridad moral.

Es importante destacar que, según la jurisprudencia, no se requiere una conducta continuada en el tiempo para que se considere la presencia de este tipo de delito. Un acto puntual, siempre que sea gravemente lesivo para la integridad moral, es suficiente para la configuración del mismo.

En el caso de los artículos 174, 175 y 176, se añade un matiz significativo: la participación de autoridades o funcionarios que ejecutan el acto en abuso de su cargo. Estos artículos establecen delitos específicos relacionados con la integridad moral cometidos por autoridades o funcionarios en abuso de su cargo:

- Artículo 174: Este artículo aborda la tortura, definiendo las circunstancias en las que un funcionario público puede someter a una persona a condiciones que causen sufrimientos físicos o mentales. Se imponen penas proporcionales a la gravedad del atentado.

- Artículo 175: Sanciona a la autoridad o funcionario que, abusando de su cargo, atente contra la integridad moral de una persona. Las penas varían según la gravedad del atentado.
- Artículo 176: Establece penas para la autoridad o funcionario que, faltando a los deberes de su cargo, permita que otras personas ejecuten los hechos previstos en los artículos anteriores.

Estos delitos deben ser evaluados considerando cualquier motivación que pueda vincularlos a los delitos de odio. Además, las penas se aplican también a autoridades o funcionarios de instituciones penitenciarias o de centros de protección o corrección de menores que cometan estos actos respecto a detenidos, internos o presos.

DELITO DE DESCUBRIMIENTO Y REVELACIÓN DE SECRETOS

En el contexto de la legislación penal, el artículo 197 del Código Penal establece los parámetros para tipificar y sancionar el delito de descubrimiento y revelación de secretos. Este capítulo se torna especialmente relevante en el ámbito digital, donde prácticas como el intrusismo informático o "hacking" encuentran su espacio y complejidad.

El artículo contempla diversas conductas que atentan contra la privacidad y la seguridad de la información personal. A continuación, se desglosan los elementos clave del artículo 197:

- Acceso no autorizado a datos: Quien, sin consentimiento, se apodere de datos personales almacenados en archivos o registros públicos o privados, enfrenta penas establecidas por la ley. Esto incluye el acceso no autorizado y la alteración de dichos datos en perjuicio del titular o de un tercero.

- Datos reservados: Las mismas penas se aplican a quien, sin autorización, se apropie, utilice o modifique datos reservados de carácter personal o familiar, registrados en soportes informáticos, electrónicos o telemáticos. La alteración o uso indebido de estos datos conlleva consecuencias legales.
- Difusión no autorizada: La pena de prisión de dos a cinco años se impone a aquellos que difundan, revelen o cedan a terceros los datos o hechos descubiertos. Además, se castiga a quienes, con conocimiento de su origen ilícito, participen en esta difusión.
- Circunstancias agravantes: Cuando los delitos son cometidos por responsables de ficheros o mediante la utilización no autorizada de datos personales de la víctima, las penas se agravan. La difusión de datos reservados a terceros también aumenta la gravedad de la sanción.
- Agravantes específicas: Si los datos revelan aspectos sensibles como ideología, religión, creencias, salud, origen racial o vida sexual, o si la víctima es menor de edad o una persona con discapacidad, las penas se incrementan.
- Fines lucrativos: La comisión de estos delitos con fines lucrativos lleva consigo penas más severas. Si además afectan a datos sensibles, la pena de prisión puede alcanzar hasta siete años.
- Invasión de la intimidad: Difundir, revelar o ceder imágenes o grabaciones sin autorización, obtenidas en lugares íntimos, conlleva penas de prisión o multa. La gravedad aumenta si la víctima es menor de edad, una persona con discapacidad o si hay una finalidad lucrativa.

Este artículo responde a la necesidad de adaptar el marco legal a la era digital, donde la información personal y la intimidad son vulnerables. La protección de datos y la privacidad se erigen como pilares fundamentales en la sociedad digital, exigiendo respuestas legales adecuadas para enfrentar los desafíos emergentes.

DELITO DE DISCRIMINACIÓN LABORAL

El artículo 314 del Código Penal aborda de manera específica la grave problemática de la discriminación en el ámbito laboral, ya sea en el sector público o privado. Esta disposición legal establece las bases para sancionar a aquellos que, por diversas razones, perpetúan actos discriminatorios, afectando la igualdad de oportunidades en el empleo.

El artículo incluye una amplia gama de motivos que no pueden ser base para la discriminación. Estos abarcan desde la ideología, religión, y creencias, hasta la situación familiar, origen étnico, raza, nacionalidad, género, orientación o identidad sexual, razones de género, aporofobia, exclusión social, enfermedad o discapacidad, representación legal o sindical, parentesco con otros trabajadores, y el uso de lenguas oficiales.

Quienes, tras requerimiento o sanción administrativa, no restablezcan la situación de igualdad ante la ley y reparen los daños económicos derivados de la discriminación, se enfrentan a penas significativas. Estas pueden ser de prisión, oscilando entre seis meses y dos años, o multas que van de 12 a 24 meses.

La comisión de un acto grave de discriminación, ya sea directa o indirecta, de acuerdo con la Ley sobre Infracciones y Sanciones en el Orden Social (LISOS), es un requisito fundamental. El delito abarca tanto el empleo privado como público, englobando a funcionarios de carrera, laborales, e interinos. La rebeldía ante la inspección de trabajo, la autoridad laboral o judicial es un elemento a considerar, especialmente tras requerimientos o sanciones administrativas.

La complejidad de probar un delito de discriminación laboral en un proceso judicial se evidencia en la práctica. La acumulación de requisitos y la necesidad de demostrar la discriminación directa o indirecta complican la obtención de sentencias condenatorias. La denuncia ante la Inspección de Trabajo es una práctica común, dada la dificultad que implica la vía judicial.

En caso de presentar una denuncia, las fuerzas de seguridad deben seguir pautas específicas, desde recoger declaraciones hasta averiguar datos de los posibles implicados y testigos. La detención del autor se evalúa cuidadosamente, remitiendo el atestado a la Autoridad Judicial y al Fiscal Delegado contra los delitos de odio y discriminación.

En resumen, el delito de discriminación laboral busca proteger la igualdad en el ámbito laboral, pero su aplicación efectiva enfrenta desafíos evidentes en términos probatorios y procesales. La legislación y las prácticas deben evolucionar para garantizar una aplicación justa y efectiva de la ley, fomentando entornos laborales inclusivos y respetuosos.

DELITO DE PROVOCACIÓN AL ODIO, LA VIOLENCIA Y LA DISCRIMINACIÓN. EL DISCURSO DE ODIO

El artículo 510[6] del Código Penal juega un papel crucial en la penalización de conductas asociadas con el odio, la violencia

---

6 Art. 510.1 del CP (antiguo 607.2):
En lo relativo al delito de difusión de ideas que justifican el genocidio, incluye como típicas aquellas conductas que «Quienes públicamente justifiquen, nieguen, trivialicen gravemente o enaltezcan los delitos de genocidio, de lesa humanidad o contra las personas y bienes protegi-

y la discriminación. Este apartado legal establece la base para la sanción de prácticas racistas o xenófobas, centrándose especialmente en lo que se conoce como el "discurso de odio".

La normativa del artículo 510 abarca varias conductas punibles, incluyendo "acciones de fomento o incitación al odio o la violencia contra grupos o individuos por motivos racistas". No solo se limita a las acciones directas, sino que también abarca las indirectas. Además, engloba la producción, posesión, distribución, difusión o venta de material con contenido apto para fomentar el odio, la violencia y la discriminación, conocido como "discurso de odio".

El delito va más allá de las acciones directas, incluyendo actos que lesionan la dignidad mediante humillación, descrédito o menosprecio hacia individuos o grupos. También cubre la negación pública, enaltecimiento y justificación de delitos cometidos con motivación discriminatoria, lo cual refleja una visión amplia y actualizada de la legislación.

La regulación incorpora la importancia de una interpretación del delito de negación del genocidio, limitada a casos donde dicha conducta constituya una incitación al odio o hostilidad contra minorías. Además, se amplían los términos para incluir hostilidad, menosprecio, humillación y descrédito.

---

dos en caso de conflicto armado, o enaltezcan a sus autores, cuando se hubieran cometido contra un grupo o una parte del mismo, o contra una persona determinada por razón de su pertenencia al mismo, por motivos racistas, antisemitas u otra clase de discriminación referente a la ideología, religión o creencias de la víctima, situación familiar, la etnia, raza o nación a la que pertenezca, su origen nacional, su sexo, edad, orientación o identidad sexual o de género, razones de género, de aporofobia o de exclusión social, la enfermedad que padezca o su discapacidad, cuando de este modo se promueva o favorezca violencia, hostilidad, odio o discriminación contra los mismos.»

Una característica destacada es la agravación de la pena cuando estos delitos se cometen a través de Internet u otros medios de comunicación social de gran difusión. Esto refleja la adaptación de la legislación para abordar la propagación de discursos de odio en plataformas digitales.

Se otorga a jueces y tribunales la autoridad para destruir, borrar o inutilizar material delictivo relacionado con este tipo de conductas, especialmente cuando se utiliza tecnología de la información y la comunicación. Además, se permite el bloqueo de acceso o la interrupción de servicios de la sociedad de la información.

El artículo 510 bis introduce la responsabilidad penal de las personas jurídicas, particularmente asociaciones, frente a la comisión de estos delitos. Esto incluye la posibilidad de imponer la clausura de establecimientos como pena.

Es crucial destacar que el tipo penal no exige necesariamente que la incitación sea a través de los medios de comunicación, ya que la provocación puede manifestarse mediante la imprenta, la radiodifusión u otros medios de eficacia semejante, según el artículo 18.1 del Código Penal. La conducta debe dirigirse a una pluralidad de personas indeterminada. Quedarían, por ejemplo, excluidas las expresiones proferidas en una conversación privada entre amigos. Es indiferente que se haga bien directamente ante un grupo de personas, tanto en espacio abierto como cerrado, bien por medio de publicaciones, conferencias, manifestaciones, reuniones, conciertos musicales. No todas las expresiones que chocan u ofenden o que tienen un contenido discriminatorio son constitutivas de delito. Motivo por el que habrá que analizar en cada caso concreto las circunstancias concurrentes, así como el perfil y antecedentes del autor de las citadas expresiones.

DELITO DE DENEGACIÓN DE PRESTACIONES EN UN SERVICIO PÚBLICO

En el marco del artículo 511 del Código Penal, se aborda el delito de denegación de prestaciones en un servicio público, considerando distintos elementos esenciales para su comprensión y aplicación.

El sujeto activo puede ser, un particular (art. 511.1 CP). Hace referencia a un individuo investido con la responsabilidad de un servicio público, sin ostentar la calidad de autoridad o funcionario público. Este sujeto desempeña labores públicas sin ocupar un cargo oficial, siendo clave para la comisión del delito. O también, puede ser, un Funcionario Público (art. 511.3 CP). En ciertos escenarios, el delito puede ser perpetrado por un funcionario público, ampliando la esfera de posibles autores a aquellos que, por su condición, tienen un vínculo oficial con la prestación del servicio público.

Por otro lado el sujeto pasivo será cualquier persona (art. 511.1 CP) y colectivos. El ámbito del sujeto pasivo se extiende tanto a individuos como a grupos. Incluye a cualquier persona que, de acuerdo con el marco legal establecido en el artículo 511.1 del Código Penal, sea destinataria de la prestación del servicio público. Además, abarca colectivos que puedan resultar afectados por la denegación de dicha prestación.

La prestación se define como toda actividad derivada del ejercicio de la función prestacional propia de los sectores considerados normativamente como públicos.

Es relevante señalar que el delito se configura cuando se deniega la prestación por motivos discriminatorios. Sin embargo, no se contempla explícitamente la situación donde el servicio se ofrece, pero en condiciones injustificadamente inferiores por razones discriminatorias.

La persona a la que se le deniega la prestación debe tener derecho a la misma, excluyendo casos en los que el trato diferenciado esté justificado o respaldado normativamente, como en el caso de extranjeros no regularizados sin reconocimiento completo de prestaciones del sistema público sanitario.

El autor de delito debe actuar impulsado por motivos discriminatorios explícitamente detallados en el artículo. Este catálogo cerrado incluye razones como ideología, religión, creencias, situación familiar, pertenencia étnica, raza, nacionalidad, sexo, edad, orientación sexual, identidad de género, razones de género, aporofobia, exclusión social, enfermedad o discapacidad.

En casos específicos, se contempla la posibilidad de imponer la pena de inhabilitación especial para profesiones u oficios en los ámbitos educativo, docente, deportivo y de tiempo libre. Este análisis legal busca esclarecer los elementos y circunstancias que rodean el delito de denegación de prestaciones en un servicio público, estableciendo un marco interpretativo para su aplicación.

DELITO DE DENEGACIÓN DE PRESTACIONES EN EL MARCO DE ACTIVIDAD EMPRESARIAL O PROFESIONAL

En cuanto al delito de denegación de prestaciones en el marco de actividad empresarial o profesional (art. 512 CP), sus características fundamentales se detallan de la siguiente manera:

El artículo establece un delito especial, restringiendo la autoría del mismo a profesionales, empresarios o sus delegados. Se excluye la comisión del delito cuando la denegación proviene de un particular sin actividad empresarial o profesional. Un ejemplo claro de este escenario se evidencia cuando una agencia inmobiliaria se niega a alquilar un piso a un inmigrante, a diferencia de la negativa de un particular a realizar dicha operación.

Otro aspecto implícito en el tipo delictivo es la habitualidad, un elemento inherente a toda actividad profesional o empresarial. En consecuencia, se requiere una dedicación habitual por parte del sujeto activo del delito, excluyendo los casos de oferta de bienes o servicios de forma aislada o puntual.

El autor del delito debe estar motivado por razones racistas, antisemitas u otros motivos discriminatorios contemplados en el tipo. Se presenta un catálogo cerrado de motivos, incluyendo la reciente incorporación de la motivación por razones de género y la sustitución del concepto de minusvalía por el de discapacidad.

Es crucial destacar que el empresario no puede justificar la denegación basándose en el derecho de reserva de admisión para impedir el acceso o disfrute de una prestación por motivos de ideología, religión, creencias, pertenencia a una etnia, "raza" o nación, sexo, orientación sexual, situación familiar, razones de género, enfermedad o discapacidad de la persona.

Además, se ha introducido como pena la inhabilitación especial para profesión u oficio educativos en el ámbito docente, deportivo y de tiempo libre.

DELITO DE ASOCIACIÓN ILÍCITA

El delito de asociación ilícita, conforme al artículo 515 del Código Penal, se caracteriza por la participación de múltiples personas unidas con el propósito de llevar a cabo una actividad determinada. Esta asociación debe contar con una estructura organizativa, cuya complejidad puede variar según la naturaleza de la actividad planificada. Además, se exige que la asociación tenga consistencia y permanencia en el tiempo, no siendo efímera ni meramente transitoria.

El fin de esta asociación ilícita, según lo establecido en el artículo 515.4 del código penal, radica en fomentar, promover o incitar directa o indirectamente al odio, hostilidad, discriminación o violencia contra personas, grupos o asociaciones. Este impulso discriminatorio puede fundamentarse en diversos motivos, como ideología, religión, creencias, pertenencia étnica, raza, nación, origen nacional, sexo, edad, orientación o identidad sexual, razones de género, aporofobia, exclusión social, situación familiar, enfermedad o discapacidad. En este contexto, la asociación ilícita se configura como una entidad con objetivos claramente perjudiciales y contrarios a principios fundamentales de respeto y convivencia.

DELITOS CONTRA LA LIBERTAD DE CONCIENCIA Y LOS SENTIMIENTOS RELIGIOSOS

Dentro de los delitos contra la libertad de conciencia y los sentimientos religiosos, es relevante examinar el artículo 525 del Código Penal debido a su importancia y aplicación frecuente. Este artículo establece como elemento objetivo la acción de hacer escarnio público de dogmas, creencias, ritos o ceremonias propios de una confesión religiosa.

A su vez, introduce un componente subjetivo al exigir que la acción tenga como propósito afrentar, es decir, causar afrenta, ofensa, humillación o denostación. En otras palabras, el sujeto activo debe actuar con la intención directa de ofender un sentimiento religioso colectivo.

La jurisprudencia adopta un criterio restrictivo al evaluar si se cumplen los requisitos del artículo 525 del Código Penal. En muchos casos, los tribunales han absuelto a los implicados por falta del elemento subjetivo específico requerido para el delito. En particular, se excluye la apreciación del delito cuando las conductas tienen un contenido predominantemente satírico, provocador o crítico.

Este artículo se interpreta de manera restrictiva por parte de los tribunales, otorgando un amplio margen al ejercicio del derecho de libertad de expresión y a la libertad de creación artística. En consecuencia, la mayoría de las sentencias dictadas bajo este precepto son de carácter absolutorio.

DELITO DE GENOCIDIO Y LESA HUMANIDAD

Los delitos de genocidio y de lesa humanidad, contemplados en los artículos 607 y 607 bis del Código Penal español, representan transgresiones extremadamente graves contra la humanidad y constituyen un ámbito crucial tanto en el derecho nacional como en el derecho internacional.

En el caso del delito de Genocidio (Artículo 607 CP), se configura mediante actos perpetrados con la intención específica de eliminar, total o parcialmente, a un grupo étnico, religioso, nacional o racial. Dichos actos pueden abarcar desde la causación directa de la muerte hasta la imposición de condiciones de vida que amenacen la existencia del grupo. Esta categoría de delito se caracteriza por su extrema gravedad, y las personas acusadas de genocidio enfrentan penas severas, incluyendo largos periodos de prisión.

En cuanto al delito de Lesa Humanidad (Artículo 607 bis CP), se trata de una clasificación más amplia que aborda una variedad de acciones inhumanas y atroces que causan sufrimiento masivo o generalizado a la población. Entre los actos considerados como lesa humanidad se encuentran el asesinato, el exterminio sistemático de grupos humanos, la esclavitud, el desplazamiento forzoso, la detención ilegal, la tortura, la violencia sexual y la persecución por motivos diversos. La particularidad de estos delitos radica en su carácter imprescriptible, lo que significa que no hay límite temporal para enjuiciar a los responsables, y en su alcance de jurisdicción universal, permitiendo que los individuos sean procesados en cualquier lugar, independientemente de donde hayan cometido los actos.

Ambos delitos, el de genocidio y el de lesa humanidad, representan violaciones fundamentales a los principios éticos y legales que rigen la convivencia humana. Su consideración en el ámbito jurídico busca no solo sancionar a los perpetradores, sino también enviar un mensaje claro de repudio hacia conductas que atentan contra la dignidad y la integridad de la humanidad en su conjunto.

CONCLUSIÓN

En conclusión, los delitos de odio y discriminación representan una problemática legal que va más allá de la mera comisión de actos ilícitos, involucrando motivaciones discriminatorias que atentan contra la igualdad y dignidad de las personas. En estos casos, no se requiere necesariamente un peligro concreto, sino que basta con la capacidad abstracta de la conducta para generar un riesgo relevante. La labor de las Fuerzas y Cuerpos de Seguridad es crucial en la investigación de estos delitos, requiriendo la recopilación de pruebas, declaraciones e informes que respalden la existencia de la motivación discriminatoria, a menudo deducida de indicios.

El Código Penal español aborda específicamente estas conductas a través de distintos artículos que tipifican delitos de odio y discriminación en diversas situaciones, desde el ámbito laboral hasta el discurso de odio. Es esencial señalar que no todas las expresiones ofensivas o discriminatorias constituyen delitos, y la evaluación de cada caso concreto debe considerar las circunstancias particulares, así como el perfil y antecedentes del autor.

La tarea de la justicia en estos casos es doble: castigar los actos cometidos y enviar un claro mensaje de repudio a conductas que amenazan la convivencia pacífica y respetuosa en la sociedad. La jurisprudencia tiende a adoptar una interpretación restrictiva, especialmente en el ámbito del discurso de odio, salvaguardando la libertad de expresión, pero sin permitir la impunidad de acciones que incitan al odio, la violencia o la discriminación. En este sentido, la carga de prueba recae en la capacidad de demostrar la motivación discriminatoria, lo que destaca la importancia de una investigación rigurosa y la consideración de indicios relevantes.

Capítulo 4. El lenguaje ofensivo en el artículo 510 del código penal

LA ESPECIALIZACIÓN DEL MINISTERIO FISCAL EN DELITOS DE ODIO

La especialización del Ministerio Fiscal en los delitos de odio y discurso de odio ha experimentado avances significativos a lo largo del tiempo, marcando un hito en el año 2011 con la creación de la figura del Fiscal de Sala Delegado para la tutela penal de la igualdad y contra la discriminación. A partir de diciembre de 2012, esta función fue asumida por la Fiscal de Sala Coordinadora contra la Criminalidad Informática, y desde abril de 2015, se consolidó bajo la nueva denominación de Fiscal de Sala para los delitos de odio y contra la discriminación, conocidos comúnmente como "Fiscales Delegados provinciales".

La designación de Fiscales Delegados provinciales con especialización en delitos de odio ha demostrado ser crucial para mejorar la eficacia en la investigación y persecución de este tipo de conductas. La interconexión entre estos fiscales y aquellos especializados en Criminalidad Informática ha fortalecido las investigaciones, dado que ambas manifestaciones delictivas a menudo están interrelacionadas. La coordinación necesaria entre las distintas secciones especializadas, como Menores, Extranjería, Protección de Víctimas o Discapacidad, subraya la naturaleza multidisciplinaria de este fenómeno.

A pesar de estos avances, el ámbito de los delitos de odio aún presenta desafíos, especialmente en lo que respecta a los contornos difusos de las infracciones contempladas en el artículo

510 CP. Estos contornos difusos pueden dificultar la detección precisa de ciertos delitos y, posiblemente, impedir que todas las variedades de conductas asociadas al fenómeno de la "intolerancia excluyente", según la expresión de la STC n.o 177/2015, sean penalmente sancionadas de manera exhaustiva. La necesidad de una legislación más clara y específica podría ser crucial para abordar este desafío y garantizar una respuesta adecuada ante conductas discriminatorias.

EL ESTUDIO DEL ARTÍCULO 510 DEL CÓDIGO PENAL SIGUIENDO LA CIRCULAR DEL MINISTERIO FISCAL

Siguiendo con las directrices expuestas en la Circular 7/2019 de la Fiscalía General del Estado, se procede a examinar en detalle el artículo 510 CP, que amplía la regulación de los delitos de provocación a la discriminación, al odio y a la violencia, así como la justificación del genocidio, antes regulados en los artículos 510.1 y 607.2 CP, respectivamente. Este artículo introduce nuevos tipos penales y extiende su ámbito de aplicación.

En particular, se aborda el delito contemplado en el artículo 510.1.a) CP, que sanciona a quienes públicamente fomenten, promuevan o inciten directa o indirectamente al odio, hostilidad, discriminación o violencia contra un grupo, parte del mismo o una persona específica por razones discriminatorias, como motivos racistas, antisemitas, ideología, religión, creencias, situación familiar, pertenencia étnica, racial o nacional, origen nacional, sexo, orientación o identidad sexual, razones de género, enfermedad o discapacidad.

La esencia de la tipificación radica en la acción de "fomentar", "promover" o "incitar" al "odio, hostilidad, discriminación o violencia", dirigido contra un grupo, parte de él o algún miembro, basándose en motivos discriminatorios ya especificados. Es fundamental destacar que la Recomendación de Política General

(RPG) n.o 15 de la *European Commission against Racism and Intolerance* (ECRI) define términos clave como "odio", "violencia" y "hostilidad", proporcionando una base conceptual para la interpretación del delito.

El odio se define como "emociones intensas e irracionales de oprobio, enemistad y aversión del grupo objetivo", mientras que la violencia se describe como el "uso deliberado de la fuerza física o el poder contra una persona, grupo o comunidad, que cause o tenga muchas posibilidades de causar lesiones, muerte, daños psicológicos, trastornos de desarrollo o privaciones". La hostilidad se entiende como una manifestación más allá de un mero estado de ánimo, y puede considerarse un estado previo a la violencia, según la jurisprudencia.

En relación con la discriminación, se adopta la definición del Informe del Relator Especial sobre la promoción y protección del derecho a la libertad de opinión y de expresión. Esta define la discriminación como toda distinción, exclusión o restricción por diversos motivos, como raza, color, ascendencia, género, orientación sexual, religión, opinión política, entre otros, que tenga como objetivo o resultado menoscabar o anular el reconocimiento, goce o ejercicio de los derechos humanos y libertades fundamentales en igualdad de condiciones. Este enfoque amplio abarca diversas esferas de la vida pública.

En este contexto, el análisis del artículo 510.1.a) CP se enriquece al contextualizar los términos clave y las definiciones proporcionadas por instancias internacionales, brindando un marco conceptual más claro y preciso para la interpretación y aplicación de este tipo penal.

La reforma penal de 2015 ha ampliado la protección penal a la fase del "iter criminis" que se considera suficientemente apta para poner en peligro el bien jurídico protegido. Esto incluye la incitación pública, por cualquier medio, a un sentimiento destructivo por motivos discriminatorios, como se presenta en el denominado discurso del odio. Es esencial destacar que la mera expresión de ideas u opiniones "odiosas" no es suficiente para constituir un delito; debe haber una instigación o animación a la comisión posterior de actos discriminatorios, con un riesgo real, aunque sea potencial, de su realización.

La incitación puede ser indirecta, pero debe tener la potencialidad suficiente para poner en peligro a los colectivos afectados. Por ejemplo, difundir la noticia falsa de que los inmigrantes colapsan los servicios sociales no se consideraría un delito tipificado. Sin embargo, si otras personas llevan a cabo el hecho delictivo concreto al que se orientó la incitación, la conducta puede perseguirse como inducción según el artículo 28, párrafo segundo, apartado a) CP, con la agravante, en su caso, prevista en el artículo 22.4 CP.

Es crucial que la incitación sea pública, lo que implica que no se persigue simplemente la idea u opinión odiosa en sí misma, sino la puesta en peligro del bien jurídico protegido mediante la exteriorización de esa idea u opinión ante terceros.

Ejemplos concretos de conductas consideradas como "incitación" se encuentran en sentencias del Tribunal Supremo[7], mayormente relacionadas con delitos de enaltecimiento del terrorismo o humillación de sus víctimas. En estos casos, la incitación se dirige a la ejecución de actos violentos o vejatorios contra un colectivo o individuo específico. Se destacan expresiones como "merece una bomba de destrucción nuclear", "siempre queda esperar a que le secuestre un GRAPO", entre otras, que instan claramente a la violencia o el odio.

En conclusión, la reforma penal de 2015 establece una barrera de protección penal más temprana, abarcando la fase de incitación en el "iter criminis" y enfocándose en la instigación

---

7 STS Nº. 79/2018, DE 15 DE FEBRERO, STS Nº, 335/2017 DE 11 DE MAYO, STS Nº, 221/2017, DE 29 DE MARZO.

real o potencial de actos discriminatorios, especialmente aquellos dirigidos a colectivos vulnerables.

EL DELITO DEL ARTÍCULO 510.1.B) DEL CÓDIGO PENAL

El delito establecido en el artículo 510.1.b) del Código Penal aborda la penalización de la elaboración, tenencia y/o difusión de soportes capaces de incitar al odio, hostilidad, discriminación o violencia. Este artículo penaliza a aquellos individuos que realicen actividades como la producción, elaboración, posesión con la finalidad de distribuir, facilitación de acceso a terceros, distribución, difusión o venta de escritos u otros materiales que, por su contenido, sean propensos a fomentar, promover o incitar directa o indirectamente al odio, hostilidad, discriminación o violencia hacia un grupo, parte de él o una persona específica, basándose en motivos discriminatorios como ideología, religión, creencias, situación familiar, pertenencia étnica, raza, nacionalidad, género, orientación sexual, identidad de género, enfermedad o discapacidad.

Estas conductas punibles se pueden clasificar en dos categorías: la fabricación del material (producción y elaboración) y su trascendencia ante terceros (posesión con la finalidad de distribuir, facilitación de acceso a terceros, distribución, difusión y venta). El término "soportes" abarca cualquier tipo de material, incluyendo aquellos de naturaleza audiovisual o electrónica, siempre que objetivamente tengan la capacidad de fomentar, promover o incitar al odio, hostilidad, discriminación o violencia contra un grupo o individuo específico, en base a los motivos discriminatorios previamente mencionados.

Es importante destacar que el delito no requiere que la distribución se haya consumado; por lo tanto, se debe tener precaución ante ciertos comportamientos, especialmente en casos de posesión con la finalidad de distribuir, que podrían poner en peligro el bien jurídico protegido al generar un clima de odio, hostilidad, discriminación o violencia contra determinados colectivos.

Al evaluar la relevancia penal de los hechos, se debe considerar si concurren finalidades artísticas, científicas u otras similares, aplicando el principio de ponderación de los bienes jurídicos. En algunas situaciones, la aparente finalidad artística, humorística o satírica no puede justificar un ejercicio abusivo e irresponsable de la libertad de expresión.

En este contexto, la jurisprudencia, como se evidencia en el caso STEDH Dieudonné M'Bala contra Francia, destaca que incluso en situaciones de representación humorística, la incitación al odio y al antisemitismo, así como la negación del Holocausto, pueden ser consideradas como abusos de derecho, subrayando la responsabilidad de los individuos en el ejercicio de la libertad de expresión.

EL DELITO DEL ARTÍCULO 510.1.C) DEL CÓDIGO PENAL

El artículo 510.1.c) del Código Penal aborda la tipificación penal de la negación, trivialización grave o enaltecimiento de crímenes contra la humanidad. Este precepto establece que será penalizado aquel que, de manera pública, niegue, trivialice gravemente o enaltezca delitos de genocidio, de lesa humanidad, o contra las personas y bienes protegidos en caso de conflicto armado, así como enaltezca a sus autores. Esta penalización es aplicable cuando estos actos se realicen contra un grupo o una parte del mismo, o contra una persona determinada, motivados por razones discriminatorias como ideología, religión, creencias, situación familiar, pertenencia étnica, raza, nacionalidad, género, orientación o identidad sexual, razones de género, enfermedad o discapacidad, y cuando de este modo se promueva o favorezca un clima de violencia, hostilidad, odio o discriminación.

La acción debe llevarse a cabo públicamente, y aunque no es necesario que sea a través de medios de comunicación social, su utilización puede dar lugar a la aplicación del tipo agravado según lo establecido en el artículo 510.3 del Código Penal.

Para que estas conductas reciban una respuesta penal, se deben cumplir dos condiciones esenciales:

1. Que estas conductas estén dirigidas hacia alguno de los colectivos previamente descritos, similar a los demás tipos penales contenidos en el artículo 510 del Código Penal.
2. La existencia de un elemento tendencial que condicione de manera significativa la tipicidad penal, es decir, que la negación, trivialización grave o enaltecimiento "promueva o favorezca un clima de violencia, hostilidad, odio o discriminación" contra el colectivo, grupo o individuo en cuestión.

La jurisprudencia, específicamente la Sentencia del Tribunal Supremo número 72/2018, de 9 de febrero, destaca que tanto el delito de enaltecimiento como el de incitación al odio no requieren un dolo específico, siendo suficiente la concurrencia de un dolo básico que puede ser constatado a partir del contenido de las expresiones vertidas. Este dolo se verifica al comprobar la voluntariedad del acto y asegurarse de que no se trata de una situación incontrolada o una reacción momentánea ante una circunstancia que el sujeto no ha sido capaz de controlar.

Además, el requisito legal de que las conductas típicas "promuevan" o "favorezcan" la violencia, hostilidad, odio o discriminación no debe interpretarse únicamente en un sentido subjetivo o intencional. Más bien, debe entenderse en un sentido objetivo, es decir, que exista la posibilidad de crear dicha situación a partir de las expresiones realizadas.

EL DELITO DEL ARTÍCULO 510.2.A) DEL CÓDIGO PENAL

El artículo 510.2.a) del Código Penal aborda la tipificación de acciones que lesionen la dignidad de las personas mediante humillación, menosprecio o descrédito de determinados grupos por motivos discriminatorios. Se pueden distinguir dos tipos de conductas en este precepto:

A. Lesión directa de la dignidad (Infracción de Resultado)

En el primer inciso se contempla una infracción de resultado, donde se sanciona a quienes lesionen la dignidad de personas o grupos por motivos discriminatorios mediante acciones que entrañen humillación, menosprecio o descrédito. La jurisprudencia, como la Sentencia del Tribunal Supremo n.o 656/2007, de 17 de julio, define "descrédito" como la pérdida de reputación, "menosprecio" como el desprecio o desdén, y "humillación" como la herida al amor propio o dignidad de alguien. La esencia de esta figura es la lesión efectiva de la dignidad, siendo una infracción de resultado concreto y no un riesgo abstracto.

B. Fabricación o puesta a disposición de material idóneo para lesionar la dignidad

El segundo inciso se refiere a la fabricación, posesión con finalidad de distribuir, facilitación del acceso, distribución, difusión o venta de escritos u otros materiales que sean idóneos para lesionar la dignidad de grupos o personas por motivos discriminatorios. Es decir, se penaliza la producción o disponibilidad de material que represente una grave humillación, menosprecio o descrédito. Aquí, se castigan actos como la creación y difusión de contenido que menosprecie la dignidad de colectivos específicos.

Ejemplos de conductas que se han considerado como de "humillación" se han observado en sentencias del Tribunal Supremo[8], mayormente relacionadas con víctimas del terrorismo, pero extrapolables a infracciones de odio. Lo relevante en estos casos es la expresión de ideas que desean la repetición de actos traumatizantes, ridiculizan de manera vejatoria o muestran un desprecio manifiesto hacia la dignidad de un colectivo. Algunos ejemplos incluyen comentarios de mal gusto sobre víctimas del terrorismo, con un claro objetivo de humillar y menospreciar.

En resumen, el artículo 510.2.a) busca proteger la dignidad de las personas y grupos vulnerables, sancionando tanto las acciones directas que causen lesiones a la dignidad como la producción o disponibilidad de material idóneo para tales fines.

EL DELITO DEL ARTÍCULO 510.2.B) DEL CÓDIGO PENAL

El artículo 510.2.b) del Código Penal español aborda una dimensión crítica de los delitos de odio, centrándose en el enaltecimiento o justificación de tales actos a través de expresiones públicas o difusión mediática. Este precepto legal pre-

---

8 STS 623/2016, de 13 de julio, STS n.o 948/2016, de 15 de diciembre, STS n.o 752/2012, de 3 de octubre

tende salvaguardar la cohesión social y prevenir la generación de un clima propicio para la hostilidad, discriminación, violencia u odio hacia determinados colectivos.

La conducta sancionada consiste en ensalzar o glorificar públicamente delitos perpetrados contra grupos o individuos por razones discriminatorias, ya sea por motivos étnicos, religiosos, de orientación sexual u otros. La amplia gama de elementos protegidos refleja la diversidad de colectivos susceptibles de ser afectados por este tipo de expresiones, reconociendo la necesidad de salvaguardar la dignidad y derechos fundamentales de todas las personas.

Es relevante destacar que las acciones de enaltecimiento y justificación deben realizarse por cualquier medio de expresión pública o de difusión. Esto abarca desde declaraciones verbales hasta publicaciones en redes sociales, pasando por cualquier canal que permita la transmisión de mensajes a un público más amplio. La condición esencial para que estas conductas sean sancionadas es que tengan la capacidad de afectar, al menos potencialmente, el bien jurídico protegido.

La distinción entre "enaltecer" y "justificar" introduce matices significativos en la interpretación del delito. "Enaltecer" implica elevar a alguien o algo a una posición de gran dignidad o mérito, mientras que "justificar" implica respaldar o probar con razones convincentes. Ambos términos refuerzan la idea de exaltar acciones delictivas y proporcionar argumentos que respalden su comisión, contribuyendo así a la creación de un ambiente propicio para la hostilidad y la discriminación.

La entidad y relevancia de la conducta desempeñan un papel crucial en la aplicación de este artículo. No basta con cualquier expresión casual o incidental; se requiere una cierta entidad que, al menos potencialmente, pueda contribuir a la generación de un clima adverso. La normativa contempla una agravación penal en casos donde la conducta tenga un impacto efectivo en la promoción de un ambiente hostil.

En la práctica, este artículo se ha aplicado a diversas conductas, como la difusión de imágenes de miembros de grupos terroristas con lemas que enaltezcan sus acciones, expresiones que deseen la muerte de políticos vinculados a ciertos partidos, la publicación de videos que glorifiquen actos violentos y mensajes que celebren actos terroristas, incluyendo el deseo de retomar la lucha armada.

En conclusión, el artículo 510.2.b) del Código Penal español busca equilibrar la protección de la libertad de expresión con la prevención de la generación de un clima perjudicial para la convivencia social. Sanciona aquellas expresiones públicas que exalten o justifiquen delitos de odio, reconociendo la importancia de mantener un ambiente respetuoso y plural en una sociedad diversa.

EL TIPO AGRAVADO DEL ARTÍCULO 510.3 DEL CÓDIGO PENAL

El artículo 510.3 del Código Penal español establece un marco normativo que agrava las penas previstas en los apartados anteriores cuando los hechos delictivos se ejecutan a través de un medio de comunicación social, mediante el uso de internet o tecnologías de la información, con el fin de hacer accesible la conducta a un elevado número de personas. Esta disposición refleja la creciente relevancia de los nuevos canales de comunicación en la difusión de conductas delictivas y reconoce la necesidad de una respuesta legal proporcional a la capacidad expansiva de estas tecnologías.

En el contexto de este artículo, un medio de comunicación social abarca una amplia variedad de formas de transmisión de información. Desde los tradicionales medios impresos hasta los medios audiovisuales y electrónicos, como radio, televisión, páginas web, aplicaciones, redes sociales, correos electrónicos y otros canales digitales. La naturaleza en constante evolución de los medios de comunicación hace que resulte impracticable ofrecer un listado exhaustivo, ya que nuevos métodos de comunicación emergen constantemente.

Es importante distinguir este tipo agravado de los apartados anteriores que ya exigen la realización pública de la conducta. Mientras que los casos contemplados en los apartados 1.a) y 1.c) se refieren a difusión del mensaje a una colectividad sin el uso de medios masivos, el apartado 3 se centra específicamente en la difusión a través de medios de comunicación masiva. La publicidad aquí se relaciona exclusivamente con sistemas objetivamente capaces de llegar a un número indeterminado de personas, es decir, los conocidos como "mass media".

Es crucial subrayar que el código penal no establece distinciones entre el comunicador primario y derivado, es decir, no importa si el mensaje es difundido por su autor material o por aquellos que lo reciben inicialmente y luego actúan como difusores. El propósito fundamental de esta agravación radica en el aumento de la capacidad potencial de perjuicio causado a la o las víctimas mediante la utilización de un medio de comunicación masivo.

La casuística en este ámbito es diversa, ya que los mensajes pueden tener alcance instantáneo o depender de la voluntad de lectura o escucha. Algunos mensajes perduran en el tiempo, mientras que otros son efímeros, y la efectividad de la difusión puede variar. Por lo tanto, la clave para la aplicación de esta disposición no radica en demostrar que un número específico de personas haya leído efectivamente el mensaje, sino en la posibilidad real de que un número indeterminado de personas haya tenido acceso al mensaje difundido masivamente.

EL TIPO AGRAVADO DEL ARTÍCULO 510.4 DEL CÓDIGO PENAL

El artículo 510.4 del Código Penal español establece una agravación de la pena en aquellos casos en los que los hechos, considerando sus circunstancias, sean idóneos para alterar la paz pública o generar un grave sentimiento de inseguridad o temor entre los integrantes del grupo afectado. En estas situaciones, la pena se impondrá en su mitad superior, con la posibilidad de elevarse hasta el grado superior.

Esta disposición se apoya en la distinción entre orden público y paz pública. Mientras que el orden público se refiere al simple orden, la paz pública abarca un concepto más amplio que incluye las condiciones externas necesarias para el desarrollo normal de la convivencia ciudadana y el respeto de las reglas que facilitan dicha convivencia. En esencia, se trata de garantizar el ejercicio de los derechos fundamentales de las personas en el marco de la comunidad.

En la jurisprudencia, se destaca la diferencia entre el "clima de odio" y el "sentimiento de inseguridad o temor". El primero se relaciona con un concepto general o colectivo, mientras que el segundo, que debe ser grave, tiene una connotación más personal o individual, aunque esté dirigido a los integrantes de un grupo específico. Es decir, mientras el clima de odio se percibe en un sentido más amplio y abstracto, el sentimiento de inseguridad o temor se experimenta a nivel individual dentro del grupo afectado.

Este enfoque resalta la importancia de proteger tanto el orden público como la paz pública, reconociendo que ciertas conductas, debido a sus circunstancias específicas, pueden tener un impacto directo en la seguridad y la tranquilidad de los integrantes de un grupo determinado. La agravación de la pena en estos casos busca reflejar la gravedad de las consecuencias potenciales de las acciones que atentan contra la paz pública y generan un clima de inseguridad o temor entre los afectados.

REPERCUSIONES SECUNDARIAS DEL ARTÍCULO 510.6 DEL CÓDIGO PENAL Y LA POSIBILIDAD DE MEDIDAS CAUTELARES Y DE ASEGURAMIENTO

El artículo 510.6 del Código Penal establece disposiciones relativas a las medidas a tomar en relación con los elementos utilizados para cometer delitos de odio. Este artículo autoriza al juez o tribunal a ordenar la destrucción, borrado o inutilización de libros, archivos, documentos, artículos y cualquier tipo de soporte utilizados en la comisión del delito. En casos donde el delito se haya llevado a cabo a través de tecnologías de la información y la comunicación (TIC), se procederá a la retirada de los contenidos.

En situaciones específicas donde los contenidos ilícitos se difundan predominantemente a través de un portal de acceso a internet o servicio de la sociedad de la información, el juez puede ordenar el bloqueo del acceso o la interrupción de la prestación del servicio. Estas medidas, aunque no se encuentren explícitamente detalladas en el catálogo de penas del Código Penal, se consideran consecuencias accesorias y, por lo tanto, son igualmente aplicables. Se asemejan a la pérdida de bienes, medios o instrumentos utilizados en la comisión del delito.

Es importante destacar la distinción entre la "retirada de contenidos", aplicable cuando el delito se comete a través de TIC, y el "bloqueo de acceso o la interrupción de la prestación", utilizado cuando los contenidos ofensivos se difunden principalmente a través de un portal de internet. La Circular 8/2015, en relación con delitos contra la propiedad intelectual, ofrece una perspectiva adicional sobre la ejecución de estas medidas, diferenciando entre la interrupción del servicio y el bloqueo de acceso dependiendo de la ubicación de la página infractora.

Es crucial tener en cuenta que, en el caso de mensajes o contenidos de odio difundidos a través de redes sociales u otras plataformas, la retirada de dichos contenidos requerirá una intervención judicial y la cooperación de las empresas propietarias de estas plataformas. Las disposiciones del artículo 510.6 del Código Penal se implementarán después de una declaración de responsabilidad criminal.

El uso de expresiones imperativas como "acordará" u "ordenará" indica la obligatoriedad de adoptar estas medidas una vez que se haya establecido la responsabilidad penal. Además, se destaca la posibilidad de ordenar la conservación de datos como medida de aseguramiento, asegurando la preservación de pruebas relacionadas con la actividad delictiva, incluyendo datos de tráfico, datos de abonado y contenidos constitutivos de delito de odio. Esta medida se solicitará simultáneamente con la retirada de contenidos ilícitos de internet para evitar la perpetuación de la actividad ilícita.

CARACTERÍSTICAS COMUNES DE LOS DELITOS DEL ARTÍCULO 510 DEL CÓDIGO PENAL

El artículo 510 del Código Penal abarca una variedad de delitos que comparten características comunes. Estos delitos se encuentran dentro del Libro II del Código Penal, específicamente en el Título XXI, que trata sobre los "Delitos contra la Constitución". En el Capítulo IV, bajo la rúbrica de los "delitos relativos al ejercicio de los derechos fundamentales y libertades públicas", se aborda el fenómeno delictivo relacionado con la discriminación y el odio intolerante.

Es esencial comprender que la igualdad y la no discriminación son expresiones fundamentales de la dignidad humana. La Carta de los Derechos Fundamentales de la Unión Europea destaca que "la dignidad humana es inviolable" y prohíbe toda discriminación, destacando aspectos como sexo, raza, color, origen étnico, religión, opiniones políticas, entre otros.

La dignidad humana, en este contexto, se entiende como el respeto y el valor intrínseco que merece cada individuo simplemente por ser humano. Esta cualidad inherente es el fundamento que permite el libre desarrollo de la personalidad y la libre elección de un proyecto de vida digna, independientemente de cualquier otra consideración.

Desde una perspectiva más amplia, la dignidad humana se convierte en un bien preciado que no solo nos identifica como seres humanos libres e iguales, sino que también posibilita la convivencia en sociedad. La dignidad humana se establece como el "fundamento del orden político y de la paz social", como lo destaca la jurisprudencia.

Cuando se aborda cualquier asunto relacionado con delitos de odio, es crucial evaluar si la conducta del infractor implica no solo un trato desigual o discriminatorio, sino también un desprecio hacia la dignidad intrínseca de todo ser humano. La infracción de odio no solo se trata de un trato diferenciado, sino que va más allá, representando un ataque al diferente como manifestación de intolerancia incompatible con la convivencia pacífica y respetuosa.

DIRECTRICES ÉTICAS PARA COMBATIR LA INCITACIÓN ILEGAL AL ODIO EN PLATAFORMAS DIGITALES

En relación con lo expuesto anteriormente, es relevante destacar la existencia del Código de Conducta para la lucha contra la Incitación Ilegal al Odio en Internet, impulsado por la Comisión Europea y suscrito el 31 de mayo de 2016. Este código representa un acuerdo entre las principales plataformas de servicios de internet y la Comisión Europea, comprometiéndose las empresas de tecnologías de la información (TI) a implementar mecanismos internos para garantizar la retirada de contenidos que constituyan delitos de odio.

Las empresas de TI que suscriben este código se comprometen a adoptar medidas específicas, entre las que destacan:

1. Establecer procedimientos claros y eficaces para examinar notificaciones relacionadas con la incitación ilegal al odio, permitiendo la retirada o deshabilitación del acceso a dicho contenido. Además, contarán con normas comunitarias que prohíban la promoción de la incitación a la violencia y conductas odiosas.
2. Valorar las solicitudes de retirada de manera diligente, en línea con las normas comunitarias y, en su caso, las leyes nacionales pertinentes.
3. Revisar la mayoría de las notificaciones válidas en menos de 24 horas, retirando o deshabilitando el acceso a los contenidos ofensivos si es necesario.
4. Educar a los usuarios sobre los tipos de contenidos no autorizados, utilizando el sistema de notificación como herramienta para este fin.
5. Facilitar información sobre los procedimientos de notificación para mejorar la comunicación entre las autoridades y las empresas de TI, agilizando las acciones de deshabilitación del acceso o retirada de contenido.
6. Fomentar la colaboración entre expertos y las empresas de TI para señalizar y notificar contenidos que promuevan la incitación a la violencia y conductas odiosas.
7. Proporcionar formación periódica al personal sobre la evolución de la sociedad y promover el intercambio de mejores prácticas entre empresas del sector.
8. Intensificar la cooperación entre empresas de TI y con otras plataformas y medios de comunicación social para compartir mejores prácticas.

9. Colaborar con la Comisión Europea en la promoción de un "contradiscurso" independiente contra la retórica del odio y los prejuicios, respaldando iniciativas y programas educativos.

Adicionalmente, se establece un compromiso de evaluación periódica de los impactos de estos compromisos y un continuo debate sobre la promoción de la transparencia y el fomento de los "contradiscursos" y discursos alternativos.

Es fundamental resaltar que, para fortalecer la lucha contra el discurso de odio en línea, se lleva a cabo una evaluación anual, realizada por instituciones como el Observatorio de Racismo y Xenofobia (OBERAXE) y la Oficina Nacional de lucha contra los delitos de odio del Ministerio del Interior. Además, en 2021 se firmó el "Protocolo para combatir el discurso de odio ilegal en línea", que se basa en el mencionado Código de Conducta y la Recomendación de la UE 2018/334 de la Comisión Europea. Este protocolo busca facilitar la colaboración entre las autoridades estatales españolas, la sociedad civil y los prestadores de servicios de alojamiento de datos en Internet para combatir eficazmente el discurso de odio ilegal en línea.

DISCUSIÓN SOBRE EL DISCURSO DE ODIO Y LA LIBERTAD DE EXPRESIÓN

Retomando la Circular 7/2019 de la Fiscalía General del Estado, la clave interpretativa primordial es la promoción del ejercicio correcto de los derechos fundamentales en una sociedad democrática, en especial la libertad de expresión y opinión según el artículo 20 de la Constitución Española. Este artículo reconoce y protege diversos derechos, entre ellos la expresión libre de pensamientos, la producción literaria y artística, la libertad de cátedra y la comunicación de información veraz.

En consonancia con la sentencia Handyside contra Reino Unido del Tribunal Europeo de Derechos Humanos, la libertad de expresión se considera esencial para el funcionamiento democrático y el progreso social. Los derechos del artículo 20.1 CE configuran el sistema político democrático, asegurando la formación de una opinión pública libre, fundamental para la participación ciudadana y el ejercicio de otros derechos.

La jurisprudencia constitucional destaca la preeminencia de la libertad de expresión, pero subraya su limitación cuando entra en conflicto con otros derechos o intereses constitucionales. La libertad de expresión no es absoluta, como afirma la STC 235/2007, de 7 de noviembre.

En situaciones de conflicto, la libertad de expresión debe ser ponderada cuidadosamente para evitar convertir el derecho penal en un factor de disuasión del ejercicio libre de expresión, según la STC 112/2016, de 20 de junio. La jurisprudencia reconoce la importancia de la contextualización y la intención del discurso al evaluar la penalización del mismo.

El discurso del odio, sin protección bajo la libertad de expresión, encuentra su límite en el respeto a otros derechos y en la no incitación a la violencia, según el art. 20.4 CE. La jurisprudencia nacional e internacional considera el discurso del odio como aquél que promueve el odio basado en la intolerancia, discriminación o violencia hacia grupos específicos.

La definición de discurso del odio es compleja y se expresa en diversas formas como la homofobia, xenofobia, discriminación de género, entre otras. La jurisprudencia y organismos internacionales, como ECRI, proporcionan pautas para identificar el discurso del odio, considerando el contexto, la capacidad de influencia del emisor, la naturaleza del lenguaje y la audiencia.

En última instancia, la STS 646/2018 establece criterios para evaluar el discurso del odio, destacando la selección de víctimas, la afectación al colectivo, la agresión a normas de convivencia, la gravedad de las expresiones y el ánimo del autor. Esta perspectiva busca equilibrar la libertad de expresión con la protección contra expresiones que generan odio y discriminación.

Capítulo 5. Protección de las personas afectadas por crímenes motivados por odio y discriminación

INTRODUCCIÓN

Las ramificaciones de los delitos de odio y discriminación se extienden más allá de la víctima directa, abarcando a todo el colectivo al que pertenece. Esta dimensión va más allá de la mera experiencia individual, estableciendo un impacto cualitativamente diferente en la víctima y en la comunidad en su conjunto. La aplicación del estatuto de la víctima se torna imperativa en estos casos, no solo en términos legales, sino también en el ámbito policial, donde se requiere una adaptación a la edad y nivel de madurez del menor involucrado.

Los delitos de odio no solo conllevan repercusiones legales, sino que dejan secuelas más profundas en la psique de quienes los sufren. La plena implementación del estatuto de la víctima se convierte en una herramienta esencial para garantizar la justicia y la reparación no solo a nivel individual, sino también para la comunidad agraviada. En este contexto, la capacitación y la sensibilización emergen como elementos cruciales, no solo para las fuerzas policiales, sino para todos los actores involucrados en la prevención y persecución de estos delitos.

La concienciación se erige como un pilar fundamental en esta lucha contra los delitos de odio, instando a una comprensión más profunda de las complejidades inherentes a estos actos. La formación especializada no solo capacita a los profesionales para abordar eficazmente estos casos, sino que también fomenta un enfoque más holístico y compasivo hacia las víctimas y sus comunidades. En última instancia, la prevención de estos delitos depende en gran medida de la colaboración entre diversos sectores de la sociedad, con el objetivo de erradicar la infradenuncia y construir un entorno más seguro y equitativo para todos.

LAS VÍCTIMAS DE DELITOS DE ODIO COMO SUJETOS PASIVOS

El papel de la víctima en el proceso penal, aunque ha ganado reconocimiento progresivamente, aún enfrenta desafíos, especialmente al abordar delitos de odio y discriminación, donde la investigación sigue siendo escasa. La victimización en este contexto trasciende la esfera individual, extendiéndose a los allegados y familiares de la persona afectada. La Organización de las Naciones Unidas (ONU), en su VII Congreso de prevención del delito, definió a la víctima como aquel que sufre daño a consecuencia de violaciones de la legislación penal internacional o abusos de poder.

En la resolución de la ONU 40/34 de 1985, se amplía el concepto de víctima, incluyendo a aquellos que han experimentado daños físicos, mentales, sufrimiento emocional, pérdida financiera o menoscabo de derechos fundamentales. Esto no se limita a la persona directamente afectada, sino que se extiende a familiares y personas que intervienen para ayudar o prevenir la victimización.

Sin embargo, esta definición internacional se centra en el ámbito penal, mientras que la Real Academia Española presenta múltiples facetas del término “víctima”. Desde un enfoque criminológico, la víctima no solo sufre daño objetivo en sus bienes jurídicamente protegidos, sino que también experimenta malestar o dolor subjetivo. En el contexto penal, la víctima, según Henting (1972), es un blanco pasivo, vulnerable y, en ocasiones, culpabilizado por su propia situación de peligro.

En el marco específico de los delitos de odio, surge el concepto de "sujeto pasivo del delito de odio", donde la agresión se dirige contra un grupo o individuo debido a su pertenencia a este. La víctima no es seleccionada simplemente por ser ella misma, sino por lo que representa en términos de identidad grupal. Esta dimensión colectiva se manifiesta en características perceptibles, como lengua, género o etnia, que a menudo son inmutables.

Las víctimas de delitos de odio enfrentan no solo los desafíos comunes a todas las víctimas, como la falta de recursos y el desconocimiento de los mismos, sino también una carga adicional. En estos casos, el perpetrador busca no solo dañar a la víctima individual, sino transmitir un mensaje de rechazo y amenaza a todo el colectivo al que pertenece. Este carácter colectivo de la víctima implica una vulnerabilidad mayor y un proceso de recuperación más prolongado (Ibarra, 2010).

Las consecuencias psicosociales para las víctimas de delitos de odio son significativamente mayores en comparación con víctimas de otros delitos. Muestran una mayor propensión al miedo, depresión, ansiedad, pérdida de confianza, insomnio y una disminución general del bienestar (Assiego et al., 2018). La motivación discriminatoria subyacente añade una capa adicional de sufrimiento, ya que estos actos no solo afectan a la persona individual, sino que también reavivan la memoria de la discriminación histórica y la estigmatización del grupo al que pertenece la víctima.

Además, las víctimas de delitos de odio y discriminación se enfrentan a desafíos específicos, como el miedo a denunciar, la falta de confianza en las instituciones, la escasa formación y sensibilización de los operadores jurídicos y la dificultad para abandonar el entorno donde ocurrió el delito, quedando expuestas a un riesgo continuo. La concienciación y la sensibilización son cruciales no solo para las fuerzas policiales, sino para toda la sociedad, con el fin de prevenir y abordar eficazmente estos delitos y proteger a las víctimas.

TIPOS DE VICTIMIZACIÓN

La conceptualización criminológica y jurídica de los delitos de odio plantea interrogantes cruciales en torno a la construcción de la victimidad. La definición misma de estos delitos implica la selección de ciertos individuos como merecedores de una protección penal especial, dando lugar a la compleja cuestión de la "víctima ideal" o las "jerarquías de víctimas". Diversos estudios sugieren que los grupos destinatarios de esta protección no deberían limitarse únicamente a aquellos con una historia histórica de discriminación o respaldo de grupos organizados, como es el caso de homosexuales, mujeres, o minorías étnicas y religiosas. En cambio, se propone una conceptualización de la victimidad basada en las notas de vulnerabilidad y diferencia, en contraposición a las nociones de identidad y pertenencia a un grupo (Aguilar García et al., 2015, citando a Chakraborti y Garland, 2012).

Desde esta perspectiva, las personas sin hogar, por ejemplo, podrían considerarse víctimas de ataques "de odio" en la medida en que dichos ataques reflejen el rechazo de su diferencia o la reafirmación de su vulnerabilidad. La singularidad de un delito de odio contra una persona sin hogar, alguien con discapacidad o un inmigrante sin documentación no radica únicamente en la explotación de su vulnerabilidad como medio para cometer el delito, sino en que el agresor conciba su acción como una manera de poner de manifiesto la vulnerabilidad de la víctima (Aguilar García et al., 2015).

Este enfoque ampliado de la victimidad en delitos de odio reconoce que la vulnerabilidad y la diferencia son fundamentales para comprender la naturaleza de estos actos criminales. La víctima, en este contexto, no se define solo por su pertenencia a un grupo históricamente discriminado, sino por su exposición a la vulnerabilidad y la manifestación deliberada de esta por parte del agresor.

En cuanto a los tipos de victimización, es esencial detenerse en la distinción propuesta por Marchiori (2004), que clasifica la victimización en tres categorías: primaria, secundaria y terciaria. La victimización primaria se dirige a un individuo específico, mientras que la secundaria afecta a grupos específicos de población. Por último, la victimización terciaria impacta a la comunidad en su conjunto.

Esta complejidad en la conceptualización de la victimidad en delitos de odio subraya la necesidad de abordar estos fenómenos desde una perspectiva multifacética que reconozca la diversidad de las experiencias victimizadoras y responda adecuadamente a las dinámicas cambiantes de la sociedad contemporánea.

VICTIMIZACIÓN PRIMARIA

La victimización primaria, según la perspectiva de Zaffaroni (1998), se refiere a las consecuencias derivadas de haber sido víctima de un delito, especialmente cuando este va acompañado de violencia o implicación personal con el agresor. Estos efectos perduran en el tiempo y pueden abarcar aspectos físicos, psicológicos, económicos o de rechazo social. La ofensa en esta categoría de victimización se desencadena directamente por el acto delictivo, afectando a la persona de manera directa o indirecta en diversas dimensiones:

- Consecuencias objetivas: Comprenden tanto impactos físicos como psicológicos, sociales y económicos.
- Consecuencias subjetivas: Se refieren a la experiencia individual y emocional de la víctima.
- Consecuencias a nivel preventivo y de resarcimiento de daños: Involucran la respuesta social ante el sufrimiento de la víctima.

En cuanto al impacto directo de los delitos de odio, la investigación victimológica ha explorado si estos causan más daño que otros delitos. Según estudios, la motivación discriminatoria o de odio podría agregar un sufrimiento adicional a la víctima. Un análisis de Iganski y Lagou basado en la encuesta británica de victimización revela que muchas víctimas de delitos de odio experimentan un impacto emocional más pronunciado en comparación con aquellas de delitos similares sin esta motivación. Sin embargo, es crucial destacar que esta generalización no es válida en todos los casos, subrayando la importancia de evitar respuestas jurídicas o institucionales estereotipadas que no se ajusten a la diversidad de situaciones reales.

Ante este panorama, algunos defienden la idea de una agravación de la pena para los delitos con motivación discriminatoria o de odio. No obstante, advierten contra su aplicación generalizada y automática. En contraposición a modelos legislativos rígidos, como el español, estos autores abogan por la necesidad de discrecionalidad judicial para garantizar que la pena sea proporcional a la afectación concreta al bien jurídico, reconociendo la heterogeneidad y diversidad de las situaciones reales (Aguilar García et al., 2015).

VICTIMIZACIÓN SECUNDARIA

La víctima secundaria emerge principalmente de la inevitable intersección entre un individuo y el complejo entramado jurídico-penal del Estado. Esta forma de victimización se percibe como aún más perjudicial que la primaria, ya que es el propio sistema el que victimiza a aquellos que buscan justicia, impactando así en la reputación del sistema mismo (Landrove, 1990). La victimización secundaria aborda las agresiones psicológicas que la víctima enfrenta al relacionarse con profesionales de servicios sanitarios, policiales o judiciales, como interrogatorios, reconstrucciones de los hechos, asistencia a juicios, identificaciones de acusados, y la lentitud de los procesos, entre otros aspectos (Kühne, 1986).

A lo largo de meses o incluso años, la víctima se ve obligada a soportar la incertidumbre de un proceso penal aparentemente interminable. En algunos casos, durante el juicio oral, se enfrenta a la dolorosa experiencia de revivir los hechos, responder a preguntas incriminatorias y enfrentar afirmaciones que buscan desacreditarla, e incluso puede no ser creída (Shapland, 1990).

La prevención de la victimización secundaria ha sido un objetivo crucial de la Directiva 2012/29/UE del Parlamento Europeo y del Consejo, de 25 de octubre de 2012, que establece normas mínimas sobre los derechos, el apoyo y la protección de las víctimas de delitos. Según su artículo 22, los Estados deben asegurar que las víctimas reciban una evaluación puntual e individual para determinar sus necesidades especiales de protección y si podrían beneficiarse de medidas especiales durante el proceso penal, especialmente si son particularmente vulnerables a la victimización secundaria, intimidación o represalias. La evaluación individual debe considerar las características personales de la víctima, el tipo o naturaleza del delito y las circunstancias del mismo.

En este contexto, la Directiva destaca la importancia de prestar atención especial a las víctimas de delitos de odio, reconociendo que deben ser objeto de debida consideración, junto con otras categorías de víctimas como las afectadas por terrorismo, delincuencia organizada, trata de personas, violencia de género, violencia en relaciones personales, y violencia o explotación sexual (artículo 22.3). La adaptación al ordenamiento español de esta Directiva se materializa a través del Estatuto de la Víctima, que será explorado en el próximo apartado, subrayando la importancia de las evaluaciones individuales en función de la gravedad del delito y del grado de daño aparente sufrido por la víctima, así como la detección de sus necesidades específicas, entre otros aspectos relevantes.

VICTIMIZACIÓN TERCIARIA

La victimización terciaria, en esencia, surge principalmente de las acciones subsiguientes de la propia víctima y, en ocasiones, se manifiesta como resultado de las experiencias y procesos de asignación de roles y etiquetas, como consecuencia de las victimizaciones primaria y secundarias anteriores, impactando también a familiares y amigos. En este contexto, el concepto de victimización terciaria implica tomar conciencia del sufrimiento derivado del acceso a la justicia penal, que es en parte inherente a su misma existencia, pero que conlleva expresiones de aflicción adicionales o suplementarias sobre el condenado o terceros no responsables del delito, como sus familiares o allegados, a menudo personas en situación de riesgo o particularmente vulnerables a la victimización, como los menores de edad.

Al considerar algunos colectivos afectados por los delitos de odio, se revelan singularidades significativas, como en el caso de las personas migrantes, especialmente aquellas en situación irregular, y los efectos discriminatorios que el proceso de expulsión puede tener sobre ellas. También es crucial examinar la victimización en el ámbito penitenciario, como la experimentada por hombres homosexuales, consecuencia de la homofobia presente en la subcultura carcelaria. Otra forma de victimización se observa en las personas con discapacidad psíquica que son condenadas a penas privativas de libertad debido a una deficiente valoración de la imputabilidad por parte del sistema de justicia penal. Esto se refleja en la compleja problemática psiquiátrica presente en los centros penitenciarios, en parte generada por el encarcelamiento, pero en gran medida derivada de situaciones previas no debidamente detectadas y tratadas (Aguilar García et al., 2015).

ESTATUTO DE LA VÍCTIMA EN EL ORDENAMIENTO ESPAÑOL

El "protocolo de actuación de las fuerzas y cuerpos de seguridad para los delitos de odio y conductas que vulneran las normas legales sobre discriminación" (Gobierno de España, 2020) reviste una importancia crucial en la salvaguarda de las víctimas de delitos de odio y discriminación. De acuerdo con lo establecido en la Directiva 2012/29/UE del Parlamento Europeo y del Consejo, y su trasposición al ordenamiento interno mediante la Ley 4/2015, del Estatuto de la víctima del delito, las víctimas de delitos de odio tienen derechos fundamentales que abarcan la protección, información, apoyo, asistencia y atención, participación activa en el proceso penal, y un trato respetuoso, profesional, individualizado y no discriminatorio desde el primer contacto con las autoridades hasta después de la conclusión del proceso, independientemente de conocer o no la identidad del infractor y el resultado del proceso.

En este contexto, las fuerzas y cuerpos de seguridad deben adherirse a premisas cruciales al interactuar con víctimas de delitos de odio:

1. Considerar las circunstancias y la naturaleza del delito, la gravedad de los perjuicios causados a la víctima y el riesgo de reiteración del delito, así como las características personales y necesidades de las víctimas, respetando plenamente su integridad física, psíquica y moral.
2. Actuar con prudencia en las interacciones con las víctimas y sus familiares debido a su situación de vulnerabilidad.

3. Evitar el contacto directo entre las víctimas y sus familiares con el sospechoso o acusado.
4. Tomar medidas para proteger la intimidad de las víctimas, especialmente menores o personas con discapacidad necesitadas de protección especial.
5. Permitir que la víctima sea acompañada por la persona que elija, incluso un facilitador en casos de personas con discapacidad, durante sus diligencias y trato con las autoridades.
6. Proteger a las víctimas de la victimización secundaria, obteniendo sus declaraciones sin demora, reduciendo al mínimo necesario las declaraciones y reconocimientos médicos, y garantizando su derecho a ser acompañadas.
7. Considerar a una persona como víctima independientemente de la identificación, detención, acusación o condena del infractor y de la relación familiar que exista entre ellos.
8. Reconocer que los familiares de las víctimas también pueden resultar perjudicados por el delito y merecen protección.
9. Proporcionar información y orientación de manera sencilla, en un lenguaje claro y accesible, teniendo en cuenta las posibles dificultades de comprensión o comunicación debido a discapacidades, minoría de edad, grado de madurez, discapacidad intelectual o enfermedad mental.
10. Facilitar información con el nivel de detalle necesario para tratar a las víctimas de manera respetuosa y permitirles tomar decisiones informadas sobre su participación en los procesos.

Este protocolo, alineado con las directrices internacionales, busca garantizar una respuesta eficaz y sensible a las necesidades específicas de las víctimas de delitos de odio y discriminación.

La información destinada a la víctima de delitos, en particular aquellos de odio y discriminación, debe ser exhaustiva y periódicamente actualizada. Se abordan diversos aspectos cruciales para asegurar una comprensión completa de los derechos y recursos disponibles para la víctima a lo largo del proceso legal. Estos elementos abarcan desde las medidas de apoyo disponibles hasta el reembolso de gastos judiciales, incluyendo áreas como el proceso de denuncia, condiciones de protección, asesoramiento y defensa jurídica, indemnizaciones, interpretación y traducción, procedimientos en caso de inactividad de la autoridad competente, servicios de justicia reparadora y contacto con las autoridades.

Se enfatiza el derecho fundamental de la víctima a obtener una copia certificada de la denuncia, así como la disponibilidad de asistencia lingüística gratuita y traducción adaptada a sus circunstancias personales. Se destaca la importancia de contar con un intérprete durante diversas fases del proceso penal, ya sea al rendir declaración frente al Juez, el Fiscal o funcionarios de policía, o al actuar como testigo en juicio u otras vistas orales. También se aborda el acceso gratuito y confidencial a servicios de asistencia y apoyo proporcionados por las Administraciones públicas y las Oficinas de Asistencia a las Víctimas. Este derecho puede extenderse a familiares en casos de delitos que hayan causado perjuicios de especial gravedad. Las autoridades o funcionarios deben derivar a las víctimas a las Oficinas de Asistencia a las Víctimas cuando sea necesario debido a la gravedad del delito o a solicitud expresa de la víctima.

El objetivo de esta información es empoderar a la víctima, garantizando su pleno conocimiento y respaldo en cada fase del proceso legal, contribuyendo así a un tratamiento respetuoso, profesional, individualizado y no discriminatorio desde el primer contacto con las autoridades hasta un período de tiempo adecuado después de la conclusión del proceso.

VÍCTIMAS MENORES DE EDAD

Las víctimas de delitos, especialmente cuando se trata de menores de edad, gozan de derechos específicos destinados a salvaguardar sus intereses y garantizar su protección integral en el marco del proceso legal. Estos derechos incluyen la posibilidad de solicitar asistencia jurídica gratuita de acuerdo con la Ley 1/1996, de 10 de enero, que regula esta materia.

En casos que involucren a menores, se priorizará el interés superior del menor, sujeto a una evaluación individual que considere diversos aspectos. Entre estos, se destaca el derecho del menor a ser informado, escuchado y participar en el proceso de acuerdo con la normativa vigente. La intervención de profesionales cualificados, la participación de progenitores, tutores o representantes legales, así como la presencia del Ministerio Fiscal en defensa de los intereses del menor, son aspectos cruciales. La adopción de decisiones relacionadas con menores debe incluir en su motivación los criterios utilizados, y se debe garantizar la existencia de recursos que permitan la revisión de estas decisiones.

En el contexto de menores de edad cuya mayoría no pueda ser establecida, la Ley Orgánica de Protección Jurídica del Menor establece que se considerarán menores hasta que se determine su edad. El Fiscal realizará un juicio de proporcionalidad en casos donde la edad no pueda ser determinada a través de documentos como el pasaporte, y las pruebas médicas para determinar la edad se llevarán a cabo con respeto a la dignidad y sin poner en riesgo la salud del menor.

Cuando la víctima de un delito sea un menor, la actuación policial se ajustará a la edad y grado de madurez del menor, considerando circunstancias personales, naturaleza de los hechos, necesidad de garantizar igualdad y no discriminación, así como la vulnerabilidad específica del menor. Este enfoque se extiende a grupos especialmente vulnerables, como los menores extranjeros no acompañados, asegurando que cualquier actuación respete sus derechos y contribuya a su integración y desarrollo en la sociedad.

En el contexto de la exploración de menores que han sido víctimas de delitos, es imperativo adoptar un enfoque que garantice el respeto de sus derechos fundamentales y salvaguarde su bienestar. En este sentido, se establecen diversas consideraciones relevantes para asegurar un procedimiento justo y adecuado.

Primordialmente, se prohíbe terminantemente obligar a un menor a declarar, y en caso de que decida no hacerlo, tal elección será debidamente registrada en las diligencias policiales correspondientes. En situaciones en las que el menor opte por brindar una declaración voluntaria, se procurará que este acto se lleve a cabo en presencia de sus representantes legales. No obstante, en circunstancias excepcionales que así lo aconsejen, se comunicará al Fiscal competente para que tome las medidas que considere oportunas.

Las declaraciones durante la fase de investigación serán objeto de grabación mediante medios audiovisuales, siempre y cuando sea factible y previa obtención del debido consentimiento de los tutores o representantes legales del menor. Este enfoque tiene como finalidad capturar tanto las expresiones verbales como los matices del lenguaje no verbal, proporcionando a la autoridad judicial una comprensión más completa y contextualizada de los hechos en cuestión.

Además, se contempla la posibilidad de que la declaración sea recibida por medio de expertos, y en casos donde exista un conflicto de intereses, se podrá solicitar al Tribunal la designación de un defensor judicial que represente los derechos de la víctima.

Es de suma importancia adoptar medidas de protección adecuadas, especialmente cuando el menor ha sido víctima de acoso, considerando la gravedad de los hechos con el objetivo de prevenir consecuencias extremas, como el suicidio. Este aspecto resalta la responsabilidad de las autoridades en garantizar un entorno seguro y protector para la víctima.

Asimismo, se destaca el derecho fundamental de las víctimas, en especial de los menores, a obtener reparación o participar en procesos de "justicia restaurativa". En este contexto, la Ley 4/2015, de 27 de abril, del Estatuto de la víctima del delito, aborda los "servicios de justicia restaurativa", remitiendo a un reglamento para establecer el acceso de las víctimas a dichos servicios. La regulación se enfocará en aspectos fundamentales y condiciones para facilitadores, reservando la consideración de los efectos en el sistema penal a la legislación procesal penal, el Código Penal y la ley penitenciaria.

Por último, ante la urgencia y complejidad de la situación, diversas organizaciones del tercer sector han abogado repetidamente por la implementación de una ley integral contra los delitos de odio. Esta propuesta no solo busca proporcionar un marco jurídico sólido para la defensa de las víctimas, sino también promover medidas integrales de sensibilización, prevención y detección en diversos ámbitos, como Internet, el sistema educativo y los medios de comunicación.

LA IMPORTANCIA DE LA FORMACIÓN, CONCIENCIACIÓN Y SENSIBILIZACIÓN EN DELITOS DE ODIO

Los conceptos de formación, concienciación y sensibilización son interdependientes, constituyendo elementos fundamentales para promover el entendimiento y abordaje adecuado de la problemática de los delitos de odio y discriminación. Este proceso formativo resulta esencial, especialmente entre los operadores jurídicos, incluyendo a las fuerzas y cuerpos de seguridad, con el propósito de alcanzar objetivos significativos:

1. Fortalecer la confianza en la justicia: Empoderar a las víctimas y a sus círculos cercanos, generando mayor confianza en el sistema de justicia y demostrando que sus preocupaciones son tomadas en consideración. Concienciar sobre las diversas formas de asistencia disponibles para respaldar a las víctimas, proporcionándoles herramientas para enfrentar y superar las dificultades.
2. Inclusión de perspectivas victimales en la legislación: Abogar por la inclusión de puntos de vista de las víctimas en la legislación, asegurando que sus experiencias y necesidades sean reflejadas en las normativas pertinentes.
3. Promoción de la formación: Fomentar la expansión de la formación, tanto entre profesionales del ámbito jurídico como en la sociedad en general, abarcando aspectos relacionados con las necesidades específicas de las víctimas.
4. Comunicación y difusión efectiva: Difundir entre la sociedad métodos y enfoques probados que sean efectivos para atender las necesidades de las víctimas de delitos de odio y discriminación.

En este contexto, Aguilar García y colaboradores (2015) ofrecen valiosas pautas que merece la pena considerar:

- Identificación de la falta de conocimientos sobre el principio de igualdad y no discriminación como una raíz de muchos problemas existentes.
- Subrayar la importancia de cumplir con los compromisos internacionales y normas internas para garantizar la igualdad y no discriminación.
- Reconocer la necesidad urgente de mejorar y ampliar la formación de los operadores jurídicos involucrados en la investigación y enjuiciamiento de delitos de odio y discriminación.

- Advertir sobre las consecuencias derivadas de la falta de formación, que puede manifestarse en la falta de apertura de investigaciones, investigaciones deficientes, sobreseimientos y absoluciones injustificados.

En resumen, la formación, concienciación y sensibilización efectivas son esenciales para abordar de manera integral los delitos de odio y discriminación, garantizando un tratamiento justo y equitativo a las víctimas, así como una aplicación eficaz de la legislación pertinente.

La importancia de la formación en la lucha contra los delitos de odio y discriminación se extiende a todos los niveles, desde el primer contacto con la víctima hasta el proceso judicial y la valoración de pruebas. Esta formación debe ser obligatoria, abarcando temas como los tipos penales aplicables, las técnicas de investigación para identificar la motivación discriminatoria y la comprensión de la realidad cultural, social, laboral y psicológica de las víctimas.

En el ámbito judicial, se sugiere la modificación de temarios para jueces, fiscales, secretarios judiciales y forenses, incorporando el estudio de la investigación y enjuiciamiento de delitos de odio y discriminación. Además, se propone incluir estos temas en los planes de estudio de la Escuela Judicial y del Centro de Estudios Jurídicos de la Administración de Justicia.

Para las fuerzas y cuerpos de seguridad, la formación debe ser integral y constante, cubriendo la identificación y registro de incidentes racistas o xenófobos. La inclusión en los planes de acceso policial de contenidos específicos sobre delitos de odio, técnicas de investigación y atención a las víctimas es esencial. Además, se destaca la necesidad de formación específica para el uso efectivo de protocolos existentes y para el registro de incidentes en sistemas informáticos.

En este contexto, el Ministerio del Interior de España ha desempeñado un papel activo desde 2012, participando en proyectos europeos como "Progress" y desarrollando el Programa FIRIR (Formación para la Identificación y Registro de Incidentes Racistas). Este programa, en colaboración con el Observatorio Español contra el Racismo y la Xenofobia (OBERAXE), ha contribuido a la implementación de la formación en delitos de odio para los miembros de las Fuerzas y Cuerpos de Seguridad del Estado.

Se destaca la publicación del "Manual de apoyo de las Fuerzas y Cuerpos de Seguridad en la identificación y Registro de Incidentes Racistas y Xenófobos" en 2013, diseñado para respaldar a las fuerzas policiales en la detección y registro de incidentes discriminatorios. Este manual, coordinado por la Secretaría General de Inmigración y Emigración y la Secretaría de Estado de Seguridad, ha contribuido a mejorar la recopilación de datos sobre delitos de odio y discriminación en España, como reflejan los informes anuales publicados desde 2014. Estos informes, disponibles en la página web del Ministerio del Interior, proporcionan una visión detallada de la evolución de estos delitos y son una valiosa herramienta para el estudio y la toma de decisiones. La calidad creciente de los datos recopilados se atribuye a la conciencia, sensibilización y formación continua de los efectivos policiales, posicionando a España entre los países que mejor registran este tipo de delitos, según la Agencia Europea de los Derechos Fundamentales.

En 2014, la Secretaría de Estado de Seguridad aprobó el "Protocolo de Actuación para las Fuerzas y Cuerpos de Seguridad para los Delitos de Odio y Conductas que Vulneran las Normas Legales sobre Discriminación". Este protocolo experimentó modificaciones en 2015 y, más recientemente, en julio de 2020, como respuesta a las reformas legislativas en el ámbito penal y procesal de ese año.

Este protocolo ha recibido reconocimiento a nivel europeo al ser destacado en el compendio de buenas prácticas de la

Unión Europea sobre la lucha contra los delitos motivados por el odio, publicado por la Agencia de Derechos Fundamentales de la Unión Europea (FRA). En este compendio se recopilan medidas y acciones implementadas por los países miembros de la Unión Europea para abordar los delitos de odio.

El mencionado protocolo representa una revisión integral de la actuación policial en todas las fases relacionadas con la comisión de estos delitos. Esto se logra mediante la adaptación del contenido de las primeras diligencias del atestado policial, asegurando que se evidencien todos los indicios que permitan determinar la motivación y naturaleza de los hechos. El objetivo principal es establecer, desde el primer momento, lo que puede considerarse como un delito de odio. Se enfoca en proporcionar un tratamiento sensible y profesional a las víctimas, garantizando sus derechos a la protección, información, apoyo, asistencia, atención y participación activa sin discriminación de ningún tipo.

Finalmente, la creación de la Oficina Nacional de Lucha contra los Delitos de Odio ha representado un paso significativo en la respuesta institucional a este tipo de crímenes. Establecida mediante la Instrucción no 1/2018 de la Secretaría de Estado de Seguridad, esta oficina, compuesta por miembros de las Fuerzas y Cuerpos de Seguridad del Estado, opera como una unidad dependiente del Director General de Coordinación y Estudios. Su función principal es asesorar a la Secretaría de Estado de Seguridad en cuestiones relacionadas con los delitos de odio, proporcionando información estratégica y técnica para respaldar la formulación de políticas públicas en este ámbito.

Para cumplir con sus responsabilidades, la Oficina Nacional mantiene enlaces directos con representantes de cada cuerpo policial a nivel central, estableciendo mecanismos de comunicación efectivos. Además, colabora estrechamente con organizaciones del tercer sector social, representativas de víctimas de delitos de odio y grupos de personas vulnerables, así como con otras instituciones públicas y privadas a nivel nacional e internacional. Esta colaboración tiene como objetivo crear una red de información que mejore la comprensión de la situación de los delitos de odio.

La oficina también se encarga de coordinar la formación de las Fuerzas y Cuerpos de Seguridad del Estado en temas relacionados con el racismo, la xenofobia y los delitos e incidentes asociados. Su enfoque se centra en aspectos fundamentales como la igualdad de trato, la no discriminación, el respeto de los derechos humanos y el uso de medidas de investigación tecnológica para abordar incidentes en línea que inciten al odio y la violencia.

Dentro de la estructura orgánica del Ministerio del Interior, la Secretaría de Estado de Seguridad, a través de la Dirección General de Coordinación y Estudios, supervisa la labor de la Oficina Nacional de Lucha contra los Delitos de Odio. Esta supervisión incluye la elaboración de instrucciones y planes directores, la coordinación y evaluación de acciones comunes de las Fuerzas y Cuerpos de Seguridad, y la conducción de acciones formativas destinadas a mejorar el trato a las víctimas.

Es crucial destacar que la lucha contra los delitos de odio no se limita al ámbito jurídico, sino que requiere un enfoque integral que incluya la concienciación y la sensibilización en la sociedad. La formación, desde los primeros años en las escuelas, se presenta como una herramienta fundamental para fomentar la comprensión y el respeto mutuo, contribuyendo así a la promoción de los derechos humanos y la igualdad consagrados en la Declaración Universal de los Derechos Humanos y la Constitución Española.

LUCHA CONTRA LA INFRADENUNCIA

El análisis de las cifras (Kaiser, 1983) relacionadas con la criminalidad implica considerar tres tipos de cifras desde una perspectiva terminológica:

- Cifra oficial: Se refiere al número de hechos delictivos conocidos y registrados en las estadísticas oficiales. Estas cifras representan los delitos que han llegado al conocimiento de las autoridades y han sido documentados de manera oficial.
- Cifra sumergida: También conocida como "cifra negra" u "oscura", aunque se prefiere el término "sumergida" para evitar connotaciones negativas. Esta cifra incluye delitos consumados que no han sido descubiertos por las autoridades y, por lo tanto, no han sido registrados oficialmente. También abarca aquellos delitos que, aunque llegan al conocimiento de las autoridades, por diversas razones no se registran.
- Cifra real: Es el resultado de sumar la cifra oficial y la cifra sumergida. Representa la estimación más completa posible de la verdadera extensión de la criminalidad, considerando tanto los delitos registrados oficialmente como aquellos que permanecen ocultos o no se denuncian.

La estadística criminal se concibe como una herramienta para medir la incidencia de los hechos delictivos y, posteriormente, de los delincuentes. Sin embargo, solo refleja una fracción de la realidad de la criminalidad, limitada por factores temporales y geográficos. No todos los delitos se descubren, no todos los descubiertos se denuncian y no todos los denunciados resultan en condena (Fernández Villazala, 2008).

Es importante señalar que, como se mencionó anteriormente, en algunos delitos, especialmente los de odio, la víctima puede no estar consciente de haber sido objeto de un delito, y solo el autor conoce los detalles. Además, puede darse el caso de que tanto el autor como la víctima estén al tanto del delito, pero ninguno tenga interés en presentar una denuncia.

En este contexto, se destaca la importancia de la participación ciudadana en la denuncia de los delitos, ya que la policía no puede estar al tanto de toda la actividad criminal y depende en gran medida de la colaboración de la comunidad para abordar eficazmente la criminalidad.

La subdeclaración de delitos de odio puede atribuirse a diversos factores, lo que sugiere posibles errores y sesgos al basarse únicamente en datos oficiales. Entre las razones que contribuyen a la infradenuncia (Assiego et al., 2018), se encuentran:

- Desconfianza en el sistema: La falta de confianza en las instituciones encargadas de la protección puede disuadir a las víctimas de denunciar. Si las personas no se sienten respaldadas por las autoridades y temen represalias, es menos probable que se animen a presentar una denuncia. Esta desconfianza puede generar un círculo vicioso, ya que la falta de denuncias puede llevar a una percepción de que el problema no es significativo.
- Normalización de la violencia y discriminación: En algunos casos, las víctimas pueden llegar a normalizar la violencia o la discriminación sufrida, lo que dificulta la toma de conciencia de la gravedad del delito y la necesidad de denunciar.
- Miedo a represalias: El temor a sufrir represalias, ya sean físicas, sociales o laborales, puede ser un factor clave que inhibe la denuncia. Las víctimas pueden sentir que denunciar podría exponerlas a un riesgo adicional.
- Percepción de la levedad de los hechos: La relativa levedad percibida de los incidentes o la creencia de que no

se tomarán medidas significativas también puede contribuir a la infradenuncia.

- Proceso judicial largo y pesado: La falta de disposición por parte de la víctima para involucrarse en un proceso judicial largo y complicado puede ser un obstáculo significativo para presentar una denuncia.

Es crucial abordar estos obstáculos y trabajar en políticas que fomenten la confianza en las instituciones, promuevan la conciencia sobre la gravedad de los delitos de odio y brinden apoyo a las víctimas. La normalización de la violencia y la discriminación debe ser combatida mediante campañas de sensibilización, y es esencial trabajar en la creación de un entorno en el cual las víctimas se sientan seguras al denunciar, sin temor a represalias. La promoción de políticas basadas en los derechos humanos y el compromiso institucional contra los delitos de odio son aspectos fundamentales para superar estos desafíos y fomentar un entorno en el que las víctimas se sientan empoderadas para denunciar estos incidentes.

Mejorar la identificación y denuncia de delitos de odio requiere abordar aspectos prácticos y estratégicos. En primer lugar, es esencial considerar la fragmentación y falta de sistematización en los servicios de asistencia a las víctimas, buscando unificar y coordinar estos recursos de acuerdo con las directrices de la Directiva sobre los derechos de las víctimas de delitos (2012/29/UE). La capacitación de las organizaciones no gubernamentales, tanto en la prestación de ayuda como en leyes y procedimientos penales, también se revela como un elemento crucial para proporcionar información valiosa a las víctimas.

La implementación de aplicaciones informáticas para facilitar la denuncia de delitos de odio y la creación de grupos especializados de policía o agentes de enlace son medidas tecnológicas que pueden agilizar y mejorar el proceso de denuncia. Además, es imperativo que las autoridades judiciales y los cuerpos policiales aborden estos delitos con la seriedad necesaria, requiriendo una comprensión profunda de los indicadores de polarización establecidos en los protocolos de actuación.

En última instancia, el objetivo central de estas recomendaciones es aumentar la cantidad de denuncias y reducir la cifra sumergida de delitos de odio. Como subraya la Agencia Europea de Derechos Fundamentales (FRA), no todos los delitos se descubren, no todos son denunciados y no todos resultan en condenas. Esta conciencia resalta la necesidad de esfuerzos continuos para mejorar los mecanismos de identificación, denuncia y tratamiento de los delitos de odio.

Capítulo 6. Posibles víctimas en actos motivados por odio y discriminación

INTRODUCCIÓN

La cuestión de las víctimas potenciales de delitos de odio y discriminación es un tema de profundo interés y relevancia en el ámbito jurídico y social. Este estudio se propone analizar detalladamente las categorías de individuos que son susceptibles de ser víctimas de tales crímenes, considerando tanto la lista actualmente cerrada en el código penal español como las iniciativas en curso para ampliarla. Aunque el artículo 22.4 del Código Penal establece una enumeración específica, la sociedad civil continúa abogando por la inclusión de otras posibles víctimas, reflejando así la dinámica y evolución de las percepciones sociales y legales en este ámbito.

En la legislación actual, las categorías contempladas como motivos de discriminación en los delitos de odio incluyen la etnia, raza o nación, el antisemitismo o judeofobia, la ideología, la religión o creencias de la víctima, el sexo, la orientación sexual e identidad de género, el género, la enfermedad, la discapacidad, la edad o ageismo, el antigitanismo o romafobia, y otras formas como la aporofobia o la exclusión social. Esta lista refleja la diversidad de factores que pueden convertirse en motivos para la perpetración de delitos de odio, abarcando dimensiones étnicas, religiosas, de género, de salud, de orientación sexual y más.

La inclusión de estas categorías en la legislación evidencia un reconocimiento claro de que ciertos grupos de personas son más propensos a ser blanco de crímenes motivados por el odio y la discriminación. Sin embargo, la sociedad no es estática, y las percepciones evolucionan con el tiempo. En este sentido, organizaciones del tercer sector y defensores de los derechos humanos continúan abogando por la expansión de esta lista para reflejar de manera más precisa y exhaustiva la complejidad de las identidades y las formas en que las personas pueden ser vulnerables a la discriminación.

Es crucial examinar cada una de estas categorías de víctimas potenciales en profundidad para comprender mejor las dinámicas subyacentes y diseñar estrategias efectivas para prevenir y abordar los delitos de odio. La etnia, la raza o la nación, por ejemplo, son motivos que históricamente han sido fundamentales en la discriminación y persecución de comunidades enteras. El antisemitismo, que se manifiesta como judeofobia, es una forma de discriminación que ha persistido a lo largo de la historia y sigue siendo relevante en la actualidad. El reconocimiento legal de estas realidades es un paso esencial para combatir la discriminación arraigada y crear sociedades más inclusivas.

La ideología y la religión son otros motivos significativos que pueden exponer a las personas a delitos de odio. La diversidad de creencias y perspectivas en una sociedad plantea desafíos, pero también resalta la importancia de la tolerancia y el respeto mutuo. La orientación sexual e identidad de género son áreas en las que, a pesar de los avances en derechos civiles, persisten formas de discriminación y violencia. La legislación que reconoce estas dimensiones como motivos para los delitos de odio contribuye a la protección de las personas LGBTQ+.

El género, la enfermedad, la discapacidad y la edad son categorías que revelan la diversidad de experiencias humanas y las formas en que ciertos grupos pueden ser especialmente vulnerables. La lucha contra el ageismo y la discriminación basada en la salud mental o física es esencial para promover una sociedad justa e inclusiva. Además, el antigitanismo o romafobia destaca la discriminación dirigida hacia la comunidad gitana, una realidad que requiere atención y medidas específicas para abordar sus causas subyacentes.

La aporofobia o la exclusión social son categorías más recientes que buscan abordar la discriminación basada en la pobreza y la exclusión social. Estos motivos reflejan un reconocimiento creciente de que la desigualdad económica y la marginación también pueden ser fuentes de violencia y discriminación.

En conclusión, el estudio de las víctimas potenciales de delitos de odio y discriminación es esencial para desarrollar estrategias efectivas de prevención y protección. La legislación existente proporciona una base sólida, pero la sociedad debe permanecer atenta a las dinámicas cambiantes y estar dispuesta a adaptarse para abordar nuevas formas de discriminación. La lucha por una sociedad justa e inclusiva implica no solo reconocer las categorías existentes, sino también estar abiertos a la expansión de estas categorías para garantizar que la legislación refleje de manera precisa y completa la complejidad de las identidades y experiencias humanas.

LAS VÍCTIMAS ESPECIALMENTE PROTEGIDAS

La víctima del delito de odio y discriminación, particularmente aquella que ha sido objeto de violencia motivada por intolerancia o prejuicios hacia la diferencia, a menudo experimenta la estigmatización y el etiquetamiento que justifica su victimización. En muchos casos, enfrenta desinformación sobre el proceso judicial relacionado con el crimen de odio, así como diversas presiones durante el juicio oral. Además, es probable que experimente una doble o triple victimización al revivir el trauma y, en algunos casos, enfrentarse a nuevas humillaciones, amenazas y agresiones por parte de los autores o su entorno de odio.

A pesar de estas desafiantes circunstancias, es alentador observar que en España se están produciendo cambios significativos a un ritmo constante. Existe una creciente formación y sensibilización en este ámbito tanto entre los operadores jurídicos como en la sociedad en general. Numerosas organizaciones civiles y asociaciones se dedican a ayudar a las víctimas, respaldadas por el estatuto de la víctima y oficinas de asistencia en cada provincia, dependientes de la administración de justicia, que brindan apoyo gratuito a cualquier víctima, independientemente de si se ha presentado una denuncia o no.

A pesar de estos avances, es crucial reconocer que estos cambios necesitan permear en las víctimas de delitos de odio y discriminación. Es fundamental que estas personas comiencen a confiar en las oportunidades ofrecidas tanto por el sector civil como por las instituciones gubernamentales, donde pueden reclamar la intervención positiva del Estado. En una sociedad democrática, la responsabilidad subsidiaria del Estado es innegable, y se espera que impida cualquier posibilidad de impunidad, proporcionando respuestas restauradoras, reparadoras o al menos paliativas a los daños sufridos por la víctima.

Sin embargo, el déficit observado en el ámbito de los crímenes de odio, entre la realidad del sufrimiento de la víctima y la respuesta que debería ofrecer un Estado democrático, social y de derecho, es tan significativo que ha dado lugar a un movimiento reivindicativo de las víctimas del racismo y la intolerancia criminal. Este movimiento surge como una respuesta a la falta de defensa urgente, intensa y efectiva de los derechos de estas víctimas (Ibarra, 2017).

Establecidas estas bases, el objetivo de este tema es profundizar en el estudio de las potenciales víctimas de delitos de odio, un análisis que también se extenderá a los delitos de discriminación. El propósito es comprender a fondo las dinámicas subyacentes, identificar los desafíos específicos que enfrentan estas personas y, a su vez, desarrollar estrategias más efectivas para la prevención y protección en este ámbito delicado e importante de la justicia y los derechos humanos.

La consideración de las potenciales víctimas de delitos de odio y discriminación se enmarca en la comprensión de los motivos señalados en la agravante genérica del artículo 22.4 del Código Penal, la cual establece:

"Cometer el delito por motivos racistas, antisemitas u otra clase de discriminación referente a la ideología, religión o creencias de la víctima, la etnia, raza o nación a la que pertenezca, su sexo, edad, orientación o identidad sexual o de género, razones de género, de aporofobia o de exclusión social, la enfermedad que padezca o su discapacidad, con independencia de que tales condiciones o circunstancias concurran efectivamente en la persona sobre la que recaiga la conducta."

Este artículo, aunque integral, presenta interpretaciones unívocas en algunos casos y, en otros, permite diversas interpretaciones. Por ejemplo, el término "discapacidad" cuenta con una definición precisa en el artículo 25 del Código Penal. Sin embargo, en los demás supuestos, es necesario recurrir a textos de otros países para una interpretación más certera.

A continuación, procederemos a definir los conceptos contemplados en este artículo, con el objetivo de contextualizar los diversos tipos de víctimas vulnerables de delitos de odio. Vale la pena señalar que, además de las motivaciones específicamente mencionadas en el artículo 22.4, existen otros casos que, aunque no estén explícitamente abordados en este artículo, deben considerarse como delitos de odio y discriminación debido a su motivación por prejuicios. Asimismo, es importante destacar que algunas de las motivaciones aquí estudiadas podrían incorporarse en futuras reformas al artículo 22.4 del Código Penal.

ETNIA, RAZA O NACIÓN

La discriminación étnica, que se distingue tanto del racismo como de la xenofobia, implica la desvalorización de una persona debido a su pertenencia a un grupo que comparte elementos como lengua, ideología, cultura, y en ocasiones, rasgos físicos distintivos que los diferencian de otros grupos sociales. Cuando se aborda la noción de raza, término al que el legislador alude como racismo, se considera una manifestación específica dentro de la amplia categoría de la xenofobia. En este contexto, el racismo se entiende como un miedo al otro que va desde el rechazo simbólico, como negarse a dar la mano, hasta desencadenar conductas extremas motivadas por el odio más intenso (García-Andrade, 2001).

Es pertinente examinar la definición de racismo proporcionada por las Naciones Unidas en la Convención sobre la Eliminación de todas las Formas de Discriminación Racial (1965):

"Toda distinción, exclusión, restricción o preferencia basada en motivos de raza, color, linaje u origen nacional o étnico que tenga por objeto o por resultado anular o menoscabar el reconocimiento, goce o ejercicio, en condiciones de igualdad, de los derechos humanos y libertades fundamentales en las esferas política, económica, social, cultural o en cualquier otra esfera de la vida pública".

En esta definición, se destaca que la biología no desempeña ningún papel; el color de la piel no es un método de clasificación aceptable. El racismo ha evolucionado con el tiempo, adaptándose a la sensibilidad y los intereses cambiantes de la sociedad. Se ha convertido en una creencia que postula la superioridad de un grupo humano sobre otro, dando lugar a normativas que perpetúan dicha discriminación. La Recomendación sobre la Política General número 11 de la ECRI, titulada "Lucha contra el racismo y la discriminación en el ámbito policial" (29 de junio de 2007), establece que un incidente racista es aquel percibido como tal por la víctima o cualquier otra persona. Esto implica que, si una persona percibe un acto como racista, las autoridades deben llevar a cabo una investigación exhaustiva para confirmar o descartar la naturaleza racista del incidente.

En este contexto, es crucial señalar que la xenofobia, a menudo, se confunde con el racismo. Sin embargo, mientras que el racismo implica un sentimiento de superioridad basado en la raza, la xenofobia es un rechazo hacia lo extranjero. El racismo se centra específicamente en la raza, como el odio o la discriminación hacia personas de otra raza, mientras que la xenofobia aborda el rechazo o discriminación hacia lo extranjero, hacia personas de otros países. Es esencial comprender que alguien podría ser objeto de xenofobia incluso siendo nacional de un determinado país, incluso de segunda o tercera generación, lo que podría clasificarse como "delitos de odio o discriminación por error", un tema que se analiza en profundidad en otros contextos.

Es relevante destacar que, aunque la xenofobia no se menciona explícitamente en el artículo 22.4 del Código Penal, puede entenderse dentro del apartado que hace referencia a la discriminación por la nación de origen de la víctima. Aunque el término "xenofobia" no esté específicamente señalado, el concepto de discriminación basada en la nacionalidad abarca el rechazo o la hostilidad hacia individuos extranjeros, que constituye la esencia de la xenofobia.

La noción de "nación" no tiene una única definición universalmente aceptada. Una concepción común se refiere a la pertenencia a un Estado, un gobierno y un conjunto de leyes que vinculan al ciudadano con dicho Estado. Sin embargo, existe una acepción más amplia que considera la nación en términos de compartir una misma cultura, lengua, religión, entre otros elementos. En este sentido, es posible que una nación abarque varios estados, y a su vez, en un mismo Estado coexistan diversas nacionalidades.

La elección entre una u otra concepción dependerá de las preferencias y decisiones adoptadas en cada país. En el caso de España, en relación con el Estatuto de Cataluña, la sentencia 31/2010 del 28 de junio del Tribunal Constitucional se inclina únicamente por la definición estricta y formal de nación. En consecuencia, en las disputas territoriales dentro del Estado español, la discriminación por motivos de nación, entendida en un sentido más amplio, no tendría cabida según esta interpretación legal.

ANTISEMITISMO O JUDEOFOBIA

El antisemitismo, entendido en un sentido amplio como el odio o la hostilidad hacia los judíos, abarca una amalgama de prejuicios que se manifiestan en motivos religiosos, raciales, culturales, étnicos, económicos y políticos. Este fenómeno no se limita únicamente al ámbito religioso, siendo necesario diferenciarlo del antijudaísmo. A lo largo de la historia, el antisemitismo ha experimentado diversas manifestaciones, adaptándose a la sensibilidad e intereses de la sociedad en cada época.

En el pasado, la judeofobia religiosa consolidó el odio basado en creencias religiosas, mientras que el nazismo reforzó la judeofobia racial y el estalinismo expandió la judeofobia política. Tras el Holocausto, el antisemitismo racial quedó deslegitimado, pero ha experimentado una metamorfosis hacia otras argumentaciones contemporáneas. En la actualidad, coexisten diversas formas de antisemitismo, con sectores ideológicos principales que manifiestan antagonismo hacia Israel y los judíos, tales como ciertos sectores de la izquierda, el islamismo integrista, los neofascistas y algunas congregaciones cristianas.

El término "antisemita" implica un odio discriminatorio hacia "lo semita", haciendo referencia a un grupo de lenguas oriundas del Oriente Próximo. En el contexto de actitudes hostiles hacia el pueblo judío, estas pueden estar motivadas por circunstancias diversas, como motivos económicos, culturales, religiosos, entre otros. Ejemplos contemporáneos de antisemitismo incluyen incitar o justificar el asesinato de judíos en nombre de una ideología radical, propagar acusaciones deshumanizadoras o estereotipadas sobre judíos, negar el Holocausto, entre otras formas.

Es esencial destacar el aumento de formas modernas de antisemitismo, como la demonización y el ataque a Israel, que van más allá de la crítica legítima y se manifiestan en llamados al boicot total contra el país. La campaña internacional Boicot, Desinversión y Sanciones (BDS) ha destacado en este contexto. Además, se han observado comparaciones entre el exterminio judío y el conflicto árabe-israelí, con acusaciones de nazismo al gobierno israelí.

Un estudio de la Agencia de Derechos Fundamentales de la Unión Europea revela que el antisemitismo es percibido como uno de los principales problemas sociales y políticos por la mayoría de los judíos encuestados en la Unión Europea. El 85% considera ineficaces los esfuerzos de la Unión Europea para combatirlo. El antisemitismo se manifiesta principalmente en Internet y las redes sociales, el espacio público, los medios de comunicación y la política. A pesar de los incidentes, la mayoría de las víctimas no denuncia por falta de confianza en un cambio efectivo. El conflicto árabe-israelí impacta en la sensación de seguridad de un gran porcentaje, y una parte significativa considera emigrar debido a estas preocupaciones y al temor de futuros ataques o acosos. Estos datos subrayan la persistencia y gravedad del antisemitismo en la actualidad.

IDEOLOGÍA

La ideología se puede definir como la visión y el conjunto de creencias que proporcionan una determinada imagen de la sociedad, influyendo en las actitudes y comportamientos de quienes la adoptan. Existen ideologías democráticas que respetan principios como la libertad, justicia, igualdad y pluralismo político, reconociendo los derechos de todos los ciudadanos, independientemente de su sexo, riqueza, ideología, religión o creencias. En contraste, las ideologías radicales y no democráticas suelen propugnar relaciones desiguales entre individuos, negando el respeto a aquellos que no comparten sus creencias e incluso justificando conductas violentas basadas en motivos étnicos, religiosos o nacionales (Pascual, 2013).

En el contexto de la discriminación por motivos ideológicos, la atención se centra en el ámbito político, aunque no se limita exclusivamente a él. Esto implica situaciones en las que el autor del delito actúa motivado por la ideología de la víctima, siendo multidireccional y abarcando cualquier sensibilidad. En este sentido, cualquier individuo puede cometer un delito que contemple la agravante de ideología, ya que se trata de un fenómeno que puede manifestarse en diversas direcciones.

Los grupos de extrema izquierda se caracterizan por poseer una ideología heterogénea, abogando por principios como el anticapitalismo, antirracismo, antimonarquismo, antifascismo, antimilitarismo, compromiso con la clase oprimida, autonomía frente a partidos políticos y autogestión financiera. Sus acciones pueden incluir violencia contra grupos de extrema derecha, boicot a la propaganda fascista, resistencia contra la violencia policial y acciones ilegales como la ocupación de viviendas o boicots de eventos específicos.

En contraste, los grupos de extrema derecha tienden a ser menos heterogéneos y pueden adoptar posturas nacionalsocialistas, nacional-revolucionarias, anticomunistas, antisionistas, xenófobas y homófobas. Sus acciones pueden incluir violencia contra grupos de extrema izquierda, así como dirigirse contra indigentes, extranjeros y homosexuales. Según el Movimiento Contra la Intolerancia, existen más de 400 espacios en Internet que promueven el odio desde perspectivas de extrema derecha, difundiendo ideas racistas (Vicente Castro y Pérez Ruíz, 2013).

RELIGIÓN O CREENCIAS DE LA VÍCTIMA

En numerosas ocasiones, los motivos de odio basados en el racismo y la xenofobia se entremezclan con creencias religiosas, dificultando la distinción entre si la acción denunciada se debe a la afiliación confesional de la víctima, su condición de extranjero o su pertenencia a una raza según la percepción del agresor (Puig Velasco, 2015). Aunque existen hasta treinta y tres prácticas religiosas diferenciadas en España según el Observatorio del Pluralismo Religioso (Assiego et al., 2018), el delito de odio por creencias religiosas se focaliza principalmente en tres formas de intolerancia: islamofobia, antisemitismo y anticristianismo (Aguilar García, 2015). Cabe destacar que el antisemitismo se trata de manera separada en la legislación española debido a motivos históricos y circunstancias particulares.

En términos generales, se observa una asociación mayor entre ideologías de izquierda y el ateísmo, mientras que las ideologías de derecha tienden a vincularse más con la religión. Algunos individuos y grupos de izquierda buscan afirmar un fundamentalismo laico, poniendo en riesgo el derecho a la libertad de culto y religión, lo que puede derivar en ofensas contra los sentimientos religiosos (Puig Velasco, 2015). Estas ofensas afectan a todas las religiones, aunque en España se dirigen mayormente contra la religión mayoritaria, la católica. Por otro lado, los mensajes de odio por razón de religión suelen dirigirse hacia religiones minoritarias, como el islam y el judaísmo, y están vinculados en muchos casos a plataformas xenófobas, generalmente asociadas a individuos o grupos de extrema derecha (Solís, 2018).

La islamofobia se define como el odio o aversión hacia el islam y, por extensión, hacia los musulmanes (Assiego et al., 2018). Este fenómeno, aunque ya existente, experimentó un impulso significativo tras los atentados del 11 de septiembre, generando un papel legitimador falso de odio hacia este colectivo (Muñoz y Grosfoguel, 2012). La Agencia de Derechos Fundamentales de la Unión Europea ha identificado ocho características que definen la islamofobia, como la percepción del islam como monolítico, estático y resistente al cambio, su consideración como algo radicalmente diferente y inferior a la cultura occidental, y la conexión íntima entre su ideología política y religión. Además, la islamofobia se manifiesta en el rechazo de críticas realizadas por musulmanes a Occidente, la justificación de prácticas discriminatorias hacia musulmanes y la concepción de la hostilidad hacia este colectivo como algo natural (Puig Velasco, 2015).

Desde el tercer sector se destaca que la mayoría de los casos que implican este tipo de discriminación están relacionados con la islamofobia en la actualidad. Esto se atribuye, en parte, a casos de terrorismo que han llevado a confusiones y mezclas inapropiadas entre la religión musulmana y el terrorismo de grupos como Al Qaeda. Sin embargo, también se han registrado casos de "cristianofobia", refiriéndose a actos motivados por el odio hacia personas que practican la religión cristiana. Es importante señalar que las víctimas de este tipo de motivación de odio no se limitan solo a aquellas que profesan una religión inscrita en el registro correspondiente, sino que también pueden incluir a aquellos que siguen otras creencias espirituales o trascendentes hacia diversas formas de divinidad, así como a personas que no tienen creencias religiosas, como ateos o agnósticos. En cuanto al perfil de las víctimas, se destaca un componente significativo de género, con un 21% de actos dirigidos contra mujeres en comparación con el 8% contra hombres. Este fenómeno, conocido como islamofobia de género, implica una doble opresión para las mujeres musulmanas, quienes además de sufrir discriminación por su religión, también enfrentan discriminación de género. Además, las mujeres que llevan símbolos religiosos, como pañuelos, son más visibles e identificables, aumentando su vulnerabilidad a posibles agresiones (Puig Velasco, 2015). Los ataques provienen en gran medida de individuos y grupos de extrema derecha (29% y 14%, respectivamente), así como de medios de comunicación (22%), instituciones (13%) y grupos políticos (12%) (Plataforma Ciudadana Contra la Islamofobia, 2018).

En resumen, la discriminación por motivos religiosos abarca diversas manifestaciones, desde ofensas contra los sentimientos religiosos hasta actos específicos dirigidos contra grupos o individuos en función de su afiliación religiosa. La islamofobia destaca como un fenómeno significativo en la actualidad, afectando a un amplio espectro de la sociedad y evidenciando la necesidad de abordar y combatir este tipo de discriminación.

SEXO

El sexo se refiere a la condición de ser hombre o mujer, independientemente de la orientación sexual o identidad de género de la persona. Un delito motivado por el odio discriminatorio hacia la condición biológica de hombre o mujer de la víctima se configura de manera "directa e inequívoca", es decir, se centra en el sexo biológico.

En algunas ocasiones, se puede observar un concepto "expansivo" de discriminación por razón de sexo, aunque esto no sea lo habitual. Un ejemplo de esto se encuentra en el artículo 9 de la Ley Orgánica 3/2007, de 22 de marzo, para la igualdad efectiva de mujeres y hombres, que establece:

"También se considerará discriminación por razón de sexo cualquier trato adverso o efecto negativo que se produzca en una persona como consecuencia de la presentación por su parte de queja, reclamación, denuncia, demanda o recurso, de cualquier tipo, destinados a impedir su discriminación y a exigir el cumplimiento efectivo del principio de igualdad de trato entre mujeres y hombres."

ORIENTACIÓN SEXUAL E IDENTIDAD DE GÉNERO

El concepto de identidad de género se refiere al sentimiento de pertenencia a uno u otro sexo, al margen del sexo biológico. En otras palabras, una persona se identifica como hombre, mujer, ambos o ninguno, independientemente de su realidad biológica efectiva (Iñigo Corroza, 2012).

Es crucial diferenciar entre orientación e identidad sexual para comprender este agravante:

- La orientación sexual se refiere a la capacidad de una persona para experimentar atracción afectiva y sexual hacia individuos que compartan el mismo género o un género diferente al suyo. Ejemplos incluyen la homosexualidad y la heterosexualidad, destacando que estas no están necesariamente vinculadas al sexo biológico.
- La identidad de género, por otro lado, se relaciona con el sexo con el que una persona se identifica, que no tiene que coincidir necesariamente con su sexo biológico. La transexualidad es un ejemplo de identidad de género, donde una persona experimenta un sentimiento interno de masculinidad o feminidad que difiere de su sexo biológico.

GÉNERO

El concepto de género va más allá de la biología y está influenciado por la cultura, así como por la percepción individual. La sociedad tiende a imponer y etiquetar roles y comportamientos específicos según el sexo biológico. Cuando una persona es agredida debido a que no se ajusta a los convencionalismos socialmente establecidos en relación con su sexo, se convierte en víctima de un delito de odio motivado por prejuicios de género.

En marzo de 2014, España firmó el "Instrumento de ratificación del Convenio del Consejo de Europa sobre prevención y lucha contra la violencia contra la mujer y la violencia doméstica, firmado en Estambul el 11 de mayo de 2011". Este convenio compromete a ampliar las conductas constitutivas de delitos de violencia sobre la mujer y desvincularlas de la existencia de una relación sentimental. En este documento, el género se define como "los papeles, comportamientos o actividades y atribuciones socialmente construidos que una sociedad concreta considera propios de mujeres o de hombres". En 2015, se incluyó la circunstancia de género en la agravante del artículo 22.4 del Código Penal.

Es importante señalar que, según la jurisprudencia del Tribunal Supremo, la mención al "género" se entiende referida a las mujeres. La agravante de género se aplica en aquellos casos en que el autor ha cometido los hechos contra la víctima mujer por el mero hecho de serlo y con la intención de dejar patente su sentimiento de superioridad frente a ella. Se trata de casos en los que se comete el acto por esa motivación, atentando contra el principio constitucional de igualdad.

La Organización para la Seguridad y la Cooperación en Europa (OSCE), a través de la Oficina de Instituciones Democráticas y Derechos Humanos (ODIHR), aboga por una interpretación más amplia de la agravante de razón de género. La "misoginia" debería proteger no solo a un segmento específico de la población, sino a cualquier persona por motivos de género. La ODIHR sugiere incluir la orientación e identidad de género en este concepto, aunque en el artículo 22.4 del Código Penal español, estos elementos están protegidos en otro apartado y no se consideran dentro de la motivación de género.

ENFERMEDAD

El concepto de salud, según la Organización Mundial de la Salud, abarca no solo la ausencia de afecciones o enfermedades, sino también un estado de completo bienestar físico, mental y social. En este contexto, el artículo 22.4a del Código Penal español incluye la enfermedad como una causa de discriminación. Por lo tanto, los delitos de odio y discriminación también pueden estar relacionados con la enfermedad que una persona tenga o con la percepción de que pueda tenerla.

En España, la información sobre delitos de odio y discriminación, incluidos aquellos relacionados con la enfermedad, se encuentra en los informes sobre la evolución de estos delitos publicados por el Ministerio del Interior. Sin embargo, hasta la creación de la Oficina Nacional de lucha contra los delitos de odio en 2018, los delitos y discriminación por razón de enfermedad no estaban desglosados en los informes.

Para que las fuerzas y cuerpos de seguridad puedan identificar y registrar adecuadamente los casos de discriminación por razón de enfermedad, se ha definido este tipo de discriminación como "toda acción realizada con motivaciones discriminatorias hacia una persona que sufra una afección, temporal o permanente, que limite o suprima su salud física o psíquica". Cuando se toma en consideración como un elemento de segregación basado en la mera existencia de la enfermedad o en la estigmatización de la persona que la padece, se considera un motivo de discriminación.

Los datos específicos sobre discriminación por razón de enfermedad en España solo están disponibles desde el año 2018, año en que se comenzó a incluir este ámbito en el Sistema Estadístico de Criminalidad (SEC). Este enfoque se ha centrado en problemáticas discriminatorias relacionadas con enfermedades específicas, como el síndrome de inmunodeficiencia adquirida (SIDA) o la hepatitis C, pero la definición es aplicable a cualquier otra enfermedad existente o que pueda surgir en el futuro.

DISCAPACIDAD

La discriminación y el odio hacia las personas con diversidad funcional no son fenómenos nuevos, y a lo largo de la historia, este colectivo ha enfrentado estigmatización, persecución y discriminación. Desde la antigua Grecia hasta la Alemania Nazi, las personas con diversidad funcional han sido objeto de maltrato y violencia.

En el contexto legal español, la discapacidad es el único agravante que tiene una definición explícita en el Código Penal (artículo 25 después de la reforma de la LO 1/2015). Según esta definición, se entiende por discapacidad aquella situación en la que una persona tiene deficiencias físicas, mentales, intelectuales o sensoriales de carácter permanente que, al interactuar con diversas barreras, pueden limitar o impedir su participación plena y efectiva en la sociedad en igualdad de condiciones con las demás. También se considera persona con discapacidad necesitada de especial protección a aquella que, teniendo o no judicialmente modificada su capacidad de obrar, requiere asistencia o apoyo para el ejercicio de su capacidad jurídica y para la toma de decisiones debido a deficiencias intelectuales o mentales de carácter permanente.

La Constitución Española, en su artículo 14, y la Convención sobre los Derechos de las Personas con Discapacidad, definen la discapacidad y establecen principios generales, como el respeto a la dignidad, la autonomía individual, la no discriminación y la participación plena e inclusión en la sociedad.

La Ley 26/2011, de adaptación normativa a la Convención Internacional sobre los Derechos de las Personas con Discapacidad, establece principios generales para evitar cualquier forma de discriminación hacia las personas con discapacidad, promoviendo la igualdad de oportunidades y la aceptación de la diversidad.

A pesar de estos marcos legales, las personas con discapacidad a menudo se encuentran en situaciones de alta vulnerabilidad debido a la exposición a riesgos derivados de su discapacidad y a la discriminación y exclusión social a la que se enfrentan (Assiego et al., 2018). Esto las coloca en una mayor situación de indefensión para reaccionar y defenderse frente a delitos, ya que su propia condición física, psíquica y social limita su capacidad de buscar ayuda o denunciar los hechos.

EDADISMO O EDAD

Aunque los derechos humanos se consideran universales, la realidad muestra que los derechos de algunas personas, como las mujeres o las personas mayores, a menudo no se reconocen plenamente. Se menciona la Declaración de Beijing de 1995, que tuvo que proclamar que "los derechos de la mujer son derechos humanos" debido a la controversia existente en ese momento.

El enfoque tradicional de los derechos humanos ha estado vinculado a la independencia y autosuficiencia, lo que puede excluir a personas consideradas dependientes, como las mujeres, personas con discapacidad o personas mayores. Sin embargo, en las últimas décadas, ha habido un cambio hacia la promoción de la autonomía como un objetivo y no un requisito previo para la atribución de derechos.

En el contexto de las personas mayores, se señala que la definición de quién es considerado "mayor" a menudo se basa en criterios cronológicos, como la edad de jubilación. Este enfoque puede ser limitado y estigmatizador, ya que no tiene en cuenta la diversidad de capacidades y experiencias entre las personas mayores. Se destaca la importancia de abordar los estereotipos negativos relacionados con la edad y cambiar la percepción del envejecimiento como un problema.

El texto también menciona la discriminación generacional, que afecta a personas de diferentes edades y puede manifestarse en actos discriminatorios, injurias y amenazas. Se reconoce la necesidad de abordar estos problemas desde una perspectiva de derechos humanos y cambiar las percepciones y actitudes negativas hacia las personas mayores y otros grupos vulnerables. Además, se destaca que la violencia contra las personas mayores es un problema grave y que la respuesta a esta violencia debe ir más allá de las medidas penales, abordando las causas culturales de esta incidencia.

En resumen, hay que destacarla necesidad de un enfoque basado en derechos humanos para abordar estos problemas y promover la igualdad y la dignidad de todas las personas, independientemente de su edad.

ANTIGITANISMO

El antigitanismo, como fenómeno arraigado en la percepción y tratamiento de la sociedad hacia la minoría gitana, plantea desafíos significativos que van más allá de simples acciones de promoción de la inclusión social. Para abordar eficazmente este problema, es crucial implementar iniciativas de sensibilización y formación dirigidas tanto a la sociedad en general como a diversos actores específicos.

Históricamente, la población gitana ha sido el grupo étnico más numeroso en nuestro país, pero también el más discriminado, estereotipado y rechazado. Las estadísticas del Barómetro del Centro de Investigación Sociológica (CIS) revelan que hasta el 40% de las personas admiten sentirse bastante o mucho molestas si sus vecinos son gitanos, y una de cada cuatro preferiría que sus hijos no compartieran clases con niños gitanos. Estos datos reflejan la persistente actitud negativa hacia la comunidad gitana en la sociedad española, a menudo basada en estereotipos relacionados con aspectos culturales, costumbres y religión.

Es común que se asocien términos como "radicales", "vagos", "sucios" o "machistas" a la comunidad gitana, lo que contribuye a la perpetuación de prejuicios y discriminación. Este estigma social tiene consecuencias graves, ya que las víctimas gitanas de delitos racistas a veces no son plenamente conscientes de serlo. Experimentan un efecto Pigmalión negativo, donde su autoestima se ve afectada, y adoptan un papel determinado basado en las expectativas sociales. Internalizan la discriminación como un trato que les corresponde, lo que a menudo resulta en la falta de denuncias por delitos de odio (Federación de Asociaciones de Mujeres Gitanas, FAKALI, 2016).

El antigitanismo no solo se manifiesta en actos de violencia extrema, sino también en patrones más sutiles de exclusión social presentes en el lenguaje cotidiano, las producciones científicas y culturales, así como en los discursos políticos. Por lo tanto, abordar este fenómeno implica lidiar con todos los mecanismos de exclusión y discriminación antigitana, no limitándose únicamente a los actores radicales.

La lucha contra el antigitanismo debe ir acompañada de un cambio en la configuración de la sociedad que perpetúa estos estigmas. Es necesario desafiar y desmantelar los discursos y prácticas que expulsan a las personas gitanas de la mayoría social. Esto implica una transformación profunda en la forma en que se aborda la diversidad cultural y étnica en todos los niveles de la sociedad, desde la educación hasta los medios de comunicación y la esfera política.

Uno de los desafíos adicionales radica en la reticencia de las víctimas a denunciar estos actos discriminatorios. Esto puede deberse a la internalización de la discriminación como algo normal, el miedo a represalias o la desconfianza en el sistema judicial. Por lo tanto, las iniciativas de sensibilización deben incluir medidas para fomentar la confianza en las instituciones y resaltar la importancia de denunciar estos delitos para desafiar y cambiar las actitudes discriminatorias arraigadas en la sociedad.

En resumen, abordar el antigitanismo requiere un enfoque integral que vaya más allá de la mera promoción de la inclusión social. Implica desafiar los estereotipos arraigados, cambiar la configuración de la sociedad y fomentar la denuncia de actos discriminatorios. La sensibilización y la formación emergen como herramientas esenciales en esta lucha, apuntando a transformaciones profundas en la percepción y tratamiento de la minoría gitana en la sociedad española.

APOROFOBIA O EXCLUSIÓN SOCIAL

La aporofobia, entendida como el rechazo y la discriminación hacia las personas en situación de pobreza o sin recursos, se manifiesta como un fenómeno arraigado en la sociedad contemporánea. En un entorno donde los pactos sociales a menudo se basan en el intercambio de aportaciones materiales, aquellos que no pueden contribuir de esta manera tienden a ser marginados y excluidos de diversas esferas de la vida social. Esta dinámica discriminatoria, como señala Andrade (2008), se traduce en la percepción de que estas personas no suman en términos económicos, no son consideradas útiles para el mercado, los gobiernos y otros ámbitos de la sociedad.

Resulta esencial reconocer que la discriminación y exclusión social no son meramente fenómenos individuales, sino que están arraigados en estructuras más amplias de desigualdad y responsabilidades compartidas. Owen (2013) destaca que, en sociedades marcadas por la desigualdad, la devaluación de aquellos en situación de pobreza no ocurre de manera fortuita. En cambio, se origina en un juego de responsabilidades, donde la sociedad en su conjunto comparte la carga de abordar las situaciones de pobreza. Sin embargo, este reconocimiento colectivo y la asunción de responsabilidades compartidas a menudo se esquivan, y la carga recae de manera exclusiva en las víctimas, las personas carentes de recursos.

La responsabilidad individual se convierte así en un elemento central, relegando a un segundo plano o incluso negando la influencia de las condiciones estructurales, las oportunidades limitadas y las políticas públicas en la generación de la exclusión social (RAIS Fundación, 2015). Este enfoque individualista y la falta de consideración de los factores sistémicos contribuyen a justificar distribuciones injustas de riqueza y poder. Al asignar la culpa a las personas en situación de pobreza, se perpetúa la creencia de que merecen su posición en la sociedad, como sugiere Owen (2013).

Para justificar estas percepciones y mantener la distancia cognitiva y emocional, los ciudadanos a menudo recurren a la creación de mitos, estereotipos y prejuicios, especialmente hacia las personas sin hogar. Este distanciamiento cognitivo implica la construcción de una barrera imaginaria que separa a "ellos" de "nosotros". Esta división genera la ilusión de que cada individuo posee características que los protegen y distinguen de aquellos que experimentan la exclusión social. Este alejamiento emocional aumenta las posibilidades de sostener actitudes insensibles y prejuiciosas hacia aquellos que se encuentran en procesos de exclusión (RAIS Fundación, 2017).

Un ejemplo palpable de este distanciamiento es el mito de la elección, que postula que las personas sin techo están en situación de exclusión social debido a elecciones erróneas que han tomado en sus vidas (Allison, 2007). Este mito refleja la tendencia a simplificar y culpabilizar a las personas en situación de pobreza, ignorando las complejidades de las circunstancias que pueden haber contribuido a su situación.

En conclusión, la aporofobia y la exclusión social son fenómenos arraigados en estructuras sociales más amplias y complejas. Abordar estos problemas requiere un cambio en la perspectiva individualista, reconociendo la responsabilidad colectiva y considerando las condiciones sistémicas que contribuyen a la exclusión. La sensibilización, la educación y la promoción de políticas inclusivas son fundamentales para superar la aporofobia y construir una sociedad más justa e igualitaria.

Capítulo 7. Incidentes de hostilidad en el ámbito deportivo

LA VIOLENCIA EN EL DEPORTE

La violencia en el deporte, un fenómeno complejo que trasciende su ámbito específico, ha generado la necesidad de que las instituciones públicas adopten medidas preventivas. Este problema se agrava cuando grupos de aficionados vinculados a ideologías extremas participan en eventos deportivos, especialmente en el fútbol. La violencia, en su mayoría, no se origina en comportamientos individuales, sino en acciones grupales lideradas por los denominados "Ultras", grupos organizados que promueven el odio y la violencia.

La incompatibilidad entre el deporte y la violencia, así como cualquier forma de discriminación, incluidos los delitos de odio, va en contra de los valores fundamentales de la sociedad. A pesar de los esfuerzos a nivel internacional y nacional para abordar estos problemas, la realidad demuestra la persistencia de incidentes violentos en eventos deportivos. Es común encontrar casos de racismo, xenofobia y discriminación en el entorno deportivo, y es esencial resumir las normativas más relevantes y las acciones policiales necesarias para combatir este fenómeno.

Según Ibarra, el racismo y la violencia en el fútbol no son problemas recientes en la sociedad, sino que han persistido durante años, dando lugar a sucesos criminales graves. Los "Ultras", presentes en muchos estadios, se han convertido en focos de reclutamiento para jóvenes que promueven el odio y la violencia. Estos grupos no solo expresan su rivalidad deportiva, sino que proclaman la superioridad de la raza blanca, son antisemitas, xenófobos y atacan a diversos grupos, como inmigrantes, negros, indigentes, homosexuales y periodistas. Además, utilizan activamente Internet para conectar con el mundo virtual neofascista y difundir su ideología más allá de los campos de fútbol.

La relación entre el deporte y la sociedad es ancestral, y su influencia ha sido significativa en la cohesión cultural y en la manifestación de desacuerdos entre equipos y pueblos. La violencia en el deporte, ya sea endógena, relacionada con la actividad física, o exógena, impulsada por rivalidades y tensiones, representa una amenaza para los valores constitucionales y los derechos fundamentales.

Los "Ultras" desempeñan un papel crucial en muchos delitos de odio y en incidentes violentos relacionados con el deporte. La facilidad de coordinar encuentros físicos entre estos grupos a través de las tecnologías de la información ha aumentado la incidencia de los incidentes, aunque las autoridades han implementado protocolos estrictos y numerosos dispositivos de seguridad para controlar las aficiones y evitar enfrentamientos.

Los motivos detrás de la participación en grupos "Ultras" no se limitan al ámbito deportivo; también tienen connotaciones políticas, religiosas e ideológicas. Subculturas como los skinheads, nazis y casuals han infiltrado estos grupos para expandir su influencia en la sociedad. La pertenencia a estos grupos brinda a los aficionados una identidad compartida, y adoptan símbolos, reglas y valores establecidos por los fundadores de los grupos.

Es crucial reconocer que los episodios de odio en el deporte no se limitan a los "Ultras". Factores como la globalización, la importancia social y económica de los clubes, las presiones de los patrocinadores, la publicidad, los aficionados y los medios de comunicación también influyen en la manifestación de la violencia en el ámbito deportivo.

En resumen, abordar la violencia en el deporte, especialmente relacionada con grupos "Ultras" y delitos de odio, exige una acción coordinada a nivel internacional y nacional. Además de medidas disciplinarias en el ámbito deportivo, las autoridades deben estar alerta y tomar medidas preventivas para erradicar este fenómeno en su raíz, protegiendo así los valores fundamentales de cualquier sociedad.

CONDUCTAS INFRACTORAS

La coexistencia de deporte y violencia, especialmente en relación con los delitos de odio, constituye un fenómeno complejo que persiste en nuestra sociedad a pesar de los esfuerzos de las administraciones y los actores deportivos. Se han implementado diversas medidas para prevenir cualquier incidente o comportamiento discriminatorio en el ámbito deportivo, pero la complejidad del problema ha requerido adaptaciones continuas en la legislación y la adopción de enfoques integrales.

La transposición de normas europeas a nuestro ordenamiento jurídico, destinadas a evitar la discriminación, junto con la incorporación de tipologías penales en reformas del código penal, marcó el inicio de la legislación española para salvaguardar los valores éticos en el ámbito deportivo. A partir de los años 90, se promulgaron diversas leyes y reglamentos, así como la creación de organismos de control, con el objetivo de prevenir la violencia en el deporte. Sin embargo, el aumento de eventos deportivos, la creciente afluencia de espectadores y su difusión mediática generaron un incremento de episodios de violencia, xenofobia y racismo en el entorno deportivo.

Esta situación preocupante llevó a la creación de la Ley 19/2007, de 11 de julio, contra la violencia, el racismo, la xenofobia y la intolerancia en el deporte, junto con su Reglamento de desarrollo. Esta normativa, considerada de vital importancia, definió con mayor precisión legal las conductas ilícitas, estableció medidas preventivas y fortaleció la función de la Comisión Estatal contra la violencia, el racismo, la xenofobia y la intolerancia en el deporte (CEVRXID).

La CEVRXID desempeña un papel activo en la prevención de la violencia asociada al deporte, proponiendo expedientes sancionadores y declarando encuentros deportivos de alto riesgo. La Ley 19/2007, a su vez, estableció un régimen sancionador integral contra los incidentes de odio en el deporte, abordando tanto aspectos administrativos como disciplinarios. Se sancionan administrativamente aquellos incidentes relacionados con todo el entorno deportivo, ya sean protagonizados por organizadores de competiciones, espectadores u otros sujetos. Además, se contempla un régimen disciplinario deportivo para sancionar a deportistas, clubes o asociaciones deportivas desde la perspectiva disciplinaria.

La normativa aborda conductas racistas, xenófobas o intolerantes en el deporte, detallando diversas acciones prohibidas en el marco de las competiciones y eventos deportivos. Estas incluyen la emisión de declaraciones amenazantes, insultantes o vejatorias por motivos de origen racial, étnico, geográfico, social, religión, convicciones, discapacidad, edad u orientación sexual. Además, se penaliza el acoso en recintos deportivos, sus aledaños y medios de transporte públicos relacionado con características personales, así como la realización de actos que supongan un trato vejatorio para cualquier persona por razones de diversidad.

La ley también aborda la exhibición de símbolos y consignas, la entonación de cánticos y la facilitación de medios que respalden acciones discriminatorias en el ámbito deportivo. Estas medidas tienen como objetivo eliminar el racismo, la discriminación y buscar la igualdad de trato, protegiendo la dignidad de las personas.

En general, la Ley 19/2007 representa un avance significativo en la lucha contra la violencia y el odio en el deporte al definir claramente las conductas prohibidas y establecer un marco sancionador integral. La aplicación de este marco legal requiere la coordinación de la Administración de Justicia, la autoridad gubernativa y el Comité Español de Disciplina Deportiva. La normativa también aborda la posible duplicidad de sanciones, aplicando el principio "non bis in idem" para garantizar una adecuada proporcionalidad en las medidas disciplinarias.

En conclusión, la complejidad de erradicar la violencia y los delitos de odio en el deporte exige un enfoque multifacético que combine medidas administrativas, disciplinarias y legales. La efectividad de estas medidas dependerá de una aplicación coherente y coordinada, así como de la participación activa de todas las partes involucradas en el ámbito deportivo.

ACTUACIÓN Y PREVENCIÓN

La actuación policial para afrontar y prevenir la comisión de actos violentos, racistas, xenófobos e intolerantes en el deporte constituye un aspecto crucial en la salvaguarda de la integridad, la seguridad y los valores fundamentales en el ámbito deportivo. Ante el crecimiento de incidentes discriminatorios en eventos deportivos, las fuerzas de seguridad se enfrentan a desafíos complejos que van más allá de la gestión convencional de la seguridad pública. La necesidad de abordar de manera efectiva estos comportamientos ha llevado a la implementación de estrategias específicas que combinan la acción policial con enfoques preventivos y educativos.

La actuación policial se inicia con la preparación y coordinación antes de los eventos deportivos. La planificación estratégica implica la colaboración entre las fuerzas de seguridad, organizadores de eventos deportivos, autoridades gubernamentales y otros actores relevantes. Este enfoque integral busca identificar posibles puntos críticos, evaluar riesgos y establecer medidas preventivas para garantizar un entorno seguro.

Durante los eventos deportivos, la presencia policial se intensifica en áreas clave, como estadios y sus alrededores, así como en rutas de acceso y transporte público. El objetivo es disuadir la comisión de actos violentos o discriminatorios y responder rápidamente en caso de incidentes. Además, se lleva a cabo un monitoreo constante de las redes sociales y otros canales de comunicación para detectar posibles amenazas o planes de comportamiento violento.

La coordinación entre las fuerzas de seguridad y los organizadores de eventos deportivos es esencial para la eficacia de estas operaciones. Se establecen protocolos de comunicación y respuesta rápida, y se realizan simulacros para garantizar la preparación ante diferentes escenarios. Además, la presencia de personal de seguridad privada, debidamente capacitado y coordinado con la policía, contribuye a la prevención y control de situaciones conflictivas.

En el caso específico de actos violentos, racistas, xenófobos e intolerantes, la actuación policial se guía por la legislación vigente, como la Ley 19/2007 contra la violencia, el racismo, la xenofobia y la intolerancia en el deporte. Esta legislación otorga a las fuerzas de seguridad la autoridad para intervenir y sancionar conductas discriminatorias. La coordinación con la Comisión Estatal contra la violencia, el racismo, la xenofobia y la intolerancia en el deporte (CEVRXID) es fundamental para asegurar una respuesta efectiva y la aplicación adecuada de sanciones.

En situaciones de violencia o comportamiento discriminatorio, la actuación policial se basa en la contención rápida y la identificación de los responsables. Se utilizan herramientas como la videovigilancia para recopilar pruebas y facilitar la investigación posterior. Además, se establecen medidas de separación entre grupos rivales para prevenir conflictos y se realiza una intervención proactiva para evitar la escalada de la violencia.

La prevención de actos violentos y discriminatorios implica no solo la presencia policial en los eventos, sino también iniciativas educativas y de concienciación. Las fuerzas de seguridad colaboran con organizaciones civiles, clubes deportivos y comunidades locales para desarrollar programas que fomenten la tolerancia, el respeto y la diversidad. Estos programas pueden incluir charlas, talleres y campañas de sensibilización en escuelas, centros comunitarios y espacios deportivos.

La formación continua del personal policial es esencial para garantizar una respuesta eficaz y sensible a la diversidad. Los agentes reciben capacitación en la identificación de conductas discriminatorias, la gestión de situaciones de conflicto y la aplicación de la legislación antidiscriminatoria. La sensibilización hacia las diferentes culturas y grupos étnicos contribuye a un enfoque policial más informado y respetuoso.

Es importante destacar la relevancia de la colaboración internacional en la lucha contra la violencia y la discriminación en el deporte. Las fuerzas de seguridad comparten buenas prácticas, información y experiencias con agencias de otros países, participando en iniciativas conjuntas para abordar estos desafíos a nivel global.

En conclusión, la actuación policial para afrontar y prevenir actos violentos, racistas, xenófobos e intolerantes en el deporte es esencial para garantizar la seguridad, la convivencia y el respeto en estos entornos. La planificación estratégica, la coordinación efectiva, la aplicación de la legislación y las iniciativas educativas son componentes clave de un enfoque integral que busca erradicar la discriminación en el ámbito deportivo.

EPÍLOGO

A lo largo del libro, hemos explorado diversos temas, desde la inteligencia artificial y la ética hasta cuestiones sociales como la discriminación, la exclusión social, la aporofobia y la violencia en el deporte. Cada uno de estos temas refleja la complejidad y la interconexión de los desafíos que enfrentamos como sociedad. Al tejer juntos estos hilos, emergen varias ideas y conclusiones que destacan la necesidad de una reflexión profunda y acciones significativas.

La inteligencia artificial, en particular, ha emergido como una fuerza transformadora con el potencial de moldear la sociedad de maneras sin precedentes. A medida que avanzamos hacia un futuro cada vez más digitalizado, es crucial abordar las implicaciones éticas y sociales de la inteligencia artificial. La transparencia, la equidad y la responsabilidad deben ser los pilares fundamentales en el desarrollo y la implementación de estas tecnologías para garantizar que no perpetúen sesgos y discriminaciones existentes en nuestra sociedad.

En el ámbito social, la discriminación ha sido un tema recurrente. Hemos explorado el antigitanismo, la aporofobia y la discriminación en el deporte, destacando cómo estas formas de exclusión afectan a diferentes comunidades. La toma de conciencia y la acción son esenciales para abordar estos problemas. La educación y la sensibilización emergen como herramientas cruciales para cambiar mentalidades y construir una sociedad más inclusiva.

La aporofobia, en particular, resalta la discriminación hacia aquellos que se perciben como carentes de recursos. Este fenómeno revela las complejas interacciones entre la desigualdad social y económica. Es imperativo reconocer la responsabilidad compartida de la sociedad en la lucha contra la pobreza y la exclusión. Las políticas públicas deben orientarse hacia la equidad y la justicia social, abordando las raíces sistémicas de la aporofobia.

En el contexto deportivo, la violencia y la discriminación han surgido como problemas persistentes. Las leyes y regulaciones, como la Ley 19/2007 en España, muestran el compromiso de abordar estos problemas de manera integral. La actuación policial desempeña un papel crucial en la prevención y respuesta a actos violentos y discriminatorios en eventos deportivos. Además, la colaboración entre fuerzas de seguridad, organizadores y comunidades es esencial para crear un entorno deportivo seguro y acogedor.

En el epílogo de estas reflexiones, surge la importancia de la colaboración global. Los desafíos que enfrentamos no conocen fronteras y requieren un enfoque colectivo. Compartir mejores prácticas, aprender de las experiencias de diferentes regiones y trabajar juntos para abordar problemas comunes son pasos fundamentales hacia un mundo más justo e inclusivo.

La tecnología, la educación y la acción colectiva se presentan como herramientas poderosas en la construcción de un futuro más equitativo. La conciencia de nuestras propias percepciones y sesgos, así como el compromiso con la empatía y la comprensión, son esenciales en este viaje hacia la igualdad. La diversidad no solo debe ser tolerada sino celebrada, reconociendo que en la diferencia encontramos fortaleza y en la inclusión construimos una sociedad más resiliente.

En última instancia, estas reflexiones apuntan hacia una visión de la sociedad en la que la tecnología se integra de manera ética y equitativa, donde la discriminación es reemplazada por la comprensión y la inclusión, y donde el deporte se convierte en un espacio de unidad y diversidad. El camino hacia este futuro requiere un compromiso continuo con la justicia social, la igualdad de oportunidades y el respeto mutuo. Con cada conversación y acción, contribuimos a tejer el tejido de una sociedad más justa y compasiva para las generaciones venideras.

Bibliografía

1. Aguilar García, M. Á., Gómez Martín, V., Marquina Bertrán, M., de Rosa Palacio, M., María Tamarit, J. (2015). Manual práctico para la investigación y enjuiciamiento de delitos de odio y discriminación. Barcelona: Generalitat de Catalunya. Centre d'Estudis Jurídics y Formació Especializada.
2. Allison, T. (2007). Confronting the myth of choice: Homelessness and Jones v. City of Los Angeles. Harvard Civil Rights-Civil Liberties Law Review, 42. Págs. 253-259. Recuperado de http://www.law.harvard.edu/students/orgs/crcl/vol42_1/allison.pdf
3. Allport, G.W. (1954). The Nature of Prejudice. Reading, Mass., Madison-Wesley.
4. Abrams, D., & Hogg, A. (2005). *Collective identity: Group membership and self-conception.* In M.B. Brewer & M. Hewstone (Eds.), Self and Social Identity (pp. 147-181). Malden, MA: Blackwell.
5. Abrams, D., Swift, H., & Mahmood, L. (2016). *Prejudice and Unlawful Behaviour. Equality and Human Rights Commission Research Report 101.* Retrieved from https://www.equalityhumanrights.com/en/research-report-101-prejudice-and-unlawful-behaviour-exploring-levers-change
6. Achutegui, P. (2017). *Victimización de los delitos de odio. Aproximación a sus consecuencias y a las respuestas institucional y social.* Revista de Victimología, 5, 33-62. Retrieved from http://www.huygens.es/journals/index.php/revista-de-victimologia/article/view/82/32
7. Adorno, T.W., Frenkel-Brunswik, E., Levinson, D.S., & Sanford, R.N. (1950). *La Personalidad Autoritaria.* New York: Harper.
8. Agnew, R. (1992). *Foundation for a general strain theory of crime and delinquency.* Criminology, 30, 47–87. Retrieved from https://pdfs.semanticscholar.org/68e5/85dda0d54872f2c66dcb04c7c6629bc4787d.pdf
9. Agudo, L., Docampo, M., Herrero, S., Herrera, M.J., Navarro, M., Pozuelo, F., ... Ruiz-Arias, S. (2017). *Programa de Intervención en Conductas Violentas (PICOVI).* Madrid: Ministerio del Interior.
10. Aguilar, M.A., Gómez, V., Marquina, M., De Rosa, M., & Tamarit, J.M. (2015). *Manual práctico para la investigación y enjuiciamiento*

de delitos de odio y discriminación. Generalitat de Catalunya. Centro de Estudios Jurídicos y Formación Especializada. Retrieved from https://www.researchgate.net/profile/Gil_Borrelli_Christian/publication/322261790_Proposed_action_for_the_detection_and_care_of_victims_of_hate_violence_for_health_professionals/links/5a57daffa6fdccf0ad1a3a18/Proposed-action-for-the-detection-and-care-of-victims-of-hate-violence-for-health-professionals.pdf

11. Albert, M.J. (2011). *Derechos Humanos, Educación y Sociedad.* Madrid: Ramón Areces.
12. Albert, M.J., Ortega, I., & García, M. (2017). *Educación en derechos Humanos.* Revista Interuniversitaria, 30, 189-204. Retrieved from http://www.redalyc.org/pdf/1350/135052204014.pdf
13. Allport, G.W., Malfé, R.E., & Verón, E. (1968). *La naturaleza del prejuicio (Vol. 5).* Eudeba.
14. Allport, G.W. (1971). *La naturaleza del prejuicio. Eudema.* Ed Univ. de Buenos Aires.
15. Allport, G.W. (1954). *The nature of prejudice.* Massachusetts: Addison-Wesley Publishing Company.
16. Alonso, J. (2002). *Prácticas educativas familiares y autoconcepto. Estudio con niños y niñas de 3, 4 y 5 años.* Universidad de Valladolid. Departamento de Psicología. Tesis doctoral.
17. Altemeyer, R. (1981). *Right Wing Authoritarianism.* Winnipeg, Manitoba: University of Manitoba Press.
18. American Psychological Association–APA. (2011). *The Psychology of Hate Crimes.* Public Interest Government Relations. Retrieved from http://www.apa.org/about/gr/issues/violence/hate-crimes-faq.pdf
19. Amir, Y. (1994). *The contact hypothesis in intergroup relations.* In W. Lenner & R.S. Malpass (Eds.), Psychology and Culture (Cap. 33). Pearson.
20. Andersen, H.C. (1837, 2012). *Cuentos completos.* Editorial Medí.
21. Andreu, J.M. (2009). *Propuesta de un modelo integrador de la agresividad impulsiva y premeditada en función de sus bases motivacionales y socio cognitivas.* Psicopatología Clínica Legal y Forense, 9, 85-98. Retrieved from http://masterforense.com/pdf/2009/2009art5.pdf
22. Assiego, V., Orejón, N., Alises, C., Gracia, J., Santiago, C. (2018). Delitos de odio. Guía práctica para la abogacía. Fundación Abogacía Española. Madrid.

23. Bartrina Andrés, M. J. (2018). «La intervención en situaciones de comportamientos por odio y discriminación en la justicia juvenil». Generalitat de Catalunya, Centre d'Estudis Jurídics i Formació Especialitzada.

24. Carrión Mena, F. (2012). Fútbol y violencia: las razones de una sin razón. Universidad Nacional Autónoma de México.

25. Cerezo, A. (2010). *El protagonismo de las víctimas en la elaboración de las leyes penales.* Valencia: Tirant Lo Blanch.

26. Chakraborti, N. and Garland, J. (2012). *Reconceptualising hate crime victimization through the lens of vulnerability and Difference.* Theoretical Criminology, 16(4), 499–514.

27. Chakraborti, N., Garland, J. y Hardy, S-J. (2014). *The Leicester Hate Crime Project: Findings and Conclusions. University of Leicester.* Disponible en Leicester Hate Crime Project

28. Chóliz, M. (2005). *Técnicas para el control de la activación: Relajación y respiración.* Disponible en Relajación y respiración.

29. Cicchetti, D., Rogosch, F.A., Toth, S.L. y Spagnola, M. (1997). *Affect, cognition and emergence of self-knowledge in the toddler offspring of depressed mothers.* Journal of Experimental Child Psychology, 67, 338-362.

30. Colás, P. (2007). *La construcción de la Identidad de Género: Enfoques teóricos para fundamentar la investigación e intervención educativa.* Revista de Investigación Educativa, 25(1), 151-166.

31. Comité de Derechos Humanos de las Naciones Unidas (1989). *Observación General nº 18, No Discriminación,* adoptada durante el 37 periodo, 10 de noviembre de 1989, párrafo 7.

32. Consejo de Derechos Humanos de Naciones Unidas (2007). *Principios de Yogyakarta sobre la aplicación de la legislación internacional de derechos humanos en relación con la orientación sexual y la identidad de género.* Disponible en: Principios de Yogyakarta

33. Consejo de Europa (2002) *COMPASS: Manual de Educación en los Derechos Humanos con jóvenes.* Disponible en COMPASS

34. Colectivo Amani (1994). Educación Intercultural. Análisis y resolución de conflictos. Popular, Dirección General de Juventud de la CAM. Madrid.

35. Comisión Europea (2016). Código de Conducta para la lucha contra la Incitación Ilegal al Odio en Internet del 31 de mayo de 2016. Con-

sultado en la página web file:///C:/Users/Usuario/Downloads/JUST-2016-01584-01-00-ES-TRA-00pdf%20(3).pdf.

36. Cortés, I. (2019). Ensayo contra el antigitanismo. Alianza contra el antigitanismo. Viento Sur, Revista de Análisis Político. Recuperado de http://rromanipativ.info/wp-content/uploads/2019/03/2019_Ensayo_contra_el_Antigitanismo.pdf

37. De la Cuesta Aguado, P.M. (1994). Victimología Femenina: asignaturas pendientes para una nueva ciencia. Edit. Universidad de Cádiz. España.

38. Duarte, J. M. S., y Rodríguez, S. (2013). La extrema-derecha en Facebook: España 2000 y Democracia Nacional durante la campaña electoral de 2011. Revista Mediterránea de Comunicación: Mediterranean Journal of Communication, 4(1). Págs. 221-258.

39. Federación de Asociaciones de Mujeres Gitanas (FAKALI), (2016). Pacto contra el antigitanismo. Protocolo de actuación. Recuperado de http://www.fakali.org/pdfs/pacto-contra-el-antigitanismo_protocolo-de-actuacion.pdf

40. Fernández Villazala, T. (2008). La medición del delito en la seguridad pública. Editorial Dykinson. Madrid. Pág. 94.

41. Fernández-Berrocal, P., Extremera, N., & Ramos, N. (2004). *Validity and Reliability of the Spanish Modified Version of the Trait Meta-Mood Scale.* Psychological Reports, 94 (3), 751–755. Disponible en Validity and Reliability of the Spanish Modified Version of the Trait Meta-Mood Scale

42. Fernández-Montalvo, J., & Yárnoz, S. (1994). *Alexitimia: concepto, evaluación y tratamiento.* Psicothema, Vol. 6, nº 3, pp. 357-366. Disponible en Alexitimia: concepto, evaluación y tratamiento

43. Fertonani, Alberto R. (2012). *Resolviendo vicios en la conducción de grupos de personas.* Osmar Buyatti.

44. Fiscalía General del Estado – Ministerio de Justicia (2017). *Memoria elevada al Gobierno de S.M presentada al inicio del año judicial.* Madrid: Boletín Oficial del Estado.

45. Fiske, S., & Stevens, L. (1993). *What's so special about sex? Gender stereotyping and discrimination.* En S. Oskamp y M. Costanzo (Eds.), Gender issues in contemporary society (pp. 173-196). Newbury Park, C.A.: Sage.

46. Franklin, K. (2000). *Antigay behaviors by young adults: prevalence, patterns, and motivations in a noncriminal population.* Journal of Interpersonal Violence, 15(4), 339-362. Ver también www.karenfranklin.com/academic/pubs/

47. Fundéu BBVA (2017). Aporofobia, palabra del año 2017. (5 de febrero de 2018). Recuperado de https://www.fundeu.es/recomendacion/aporofobia-palabra-del-ano-para-la-fundeu-bbva/

48. Garza-Cuéllar, M. (2017). Un extraño enemigo. Revista Análisis Plural. Págs. 117-125. Recuperado de https://rei.iteso.mx/handle/11117/4426

49. Gobierno de España (2020). Protocolo de actuación de las fuerzas y cuerpos de seguridad para los delitos de odio y conductas que vulneran las normas legales sobre discriminación. Consultado en la URL http://www.interior.gob.es/documents/642012/3479677/PROTOCOLO+ACTUACION/99ef64e5-e062-4634-8e58-503a3039761b

50. Gómez, M. M. (2005). Los usos jerárquicos y excluyentes de la violencia. En Cabal, L. y Motta, C. (Coord.) Más allá del derecho: Justicia y género en América Latina. Págs. 19⊠55. Bogotá: Siglo del Hombre Editores.

51. Gómez Jiménez, A. (2007). La violencia en el deporte: un análisis desde la Psicología Social. Revista de Psicología Social, 22(1), 63-68. Doi: 10.1174/021347407779697539

52. Hatento, Observatorio de Delitos de Odio. (2015). Los delitos de odio contra las personas sin hogar. Zerbitzuan: Gizartezerbitzuetarakoaldizkaria= Revista de servicios sociales, (59). Págs. 79-92.

53. Ibañez, T. (coord.) (2003). «Introducción a la psicología social». Editorial UOC (Universitat Oberta de Catalunya). Barcelona.

54. Ibarra, E. (2010). Víctimas de delito de odio. Esteban Ibarra. Movimiento contra la Intolerancia, por los Derechos Humanos [Entrada en blog]. Recuperado de http://www.estebanibarra.com/2010/12/victimas-de-delito-de-odio/

55. Ibarra, E. (2017). Víctimas de los delitos de odio. Ponencia efectuada en curso organizado por la organización Kamira. Recuperado de http://federacionkamira.es/wp-content/uploads/2017/01/PONENCIA-ESTEBAN-IBARRA-Las-v%C3%ADctimas-en-los-delitos-de-odio.pdf

56. Iñigo Corroza, E. (2012). Circunstancias modificativas de la responsabilidad», en Silva Sánchez J.M. (director), El Nuevo Código Penal. Comentarios a la Reforma, La Ley, Madrid. Págs.105-120.
57. Kaiser, G. (1983). Criminología. Una introducción a sus fundamentos científicos. Editorial Espasa-Calpe, Madrid. Pág. 136.
58. Landrove Díaz, G. (1990). Victimología. Edit. Tirant lo Blanch. Valencia, pág. 44.
59. Marchiori, H. (2004). La víctima desde una perspectiva criminológica. Asistencia victimológica. Edit. Universitaria Integral. Córdoba, Argentina.
60. Naciones Unidas (1985). Declaración de las Naciones Unidas de 1985, sobre los principios fundamentales de justicia para las víctimas del crimen y de abuso de poder, adoptada por la Asamblea General en su resolución 40/34, de 29 de noviembre de 1985. Recuperado de la URL https://www.ohchr.org/SP/ProfessionalInterest/Pages/VictimsOfCrimeAndAbuseOfPower.aspx
61. Observatorio de Antisemitismo en España (2017). Informe sobre el Antisemitismo en España durante los años 2015 y 2016.
62. Observatorio de Antisemitismo en España (2017). Informe sobre el Antisemitismo en España durante los años 2015 y 2016.
63. OSCE (2014). Prosecuting Hate Crimes: A Practical Guide. Recuperado en: https://www.osce.org/odihr/prosecutorsguide
64. OSCE/ODIHR, (2009). Hate crime laws: A practical guide. Poland: Recuperado en: http://www.osce.org/ odihr/36426
65. Padilla-Muñoz, A. (2010). Discapacidad: contexto, concepto y modelos. International Law: Revista Colombiana de Derecho Internacional, (16). Págs. 381-414.
66. Pascual, R. A. (2013). Ideologías radicales y no democráticas como potenciadores de riesgo para la seguridad nacional. Cuadernos de estrategia, (159). Págs. 229-268.
67. Puig Velasco, J. I. (2015). Islamofobia e islamofobia y género: Una aproximación. (Trabajo fin de máster, Universidad Complutense de Madrid). Recuperado de https://eprints.ucm.es/36597/7/E_PRINTS_TFM%20JOAN%20PUIG.pdf
68. RAIS Fundación (2015). Muchas preguntas. Algunas respuestas. (10 de enero de 2018). Recuperado de http://hatento.org/wp-content/uploads/2014/10/informe-diagnostico.pdf

69. Real Academia Española. Diccionario de la lengua española, 23o Edición. 2014 (actualización 2018). Recuperado de la URL www.rae.es
70. Recomendación general no 15 relativa a la lucha contra el discurso de odio y memorándum explicativo adoptada el 8 de diciembre de 2015, Comisión europea contra el racismo y la intolerancia (ECRI), Consejo de Europa, enlace web: https://rm.coe.int/ecri-general-policy-recommendation-n-15-on-combating-hate-speech-adopt/16808b7904
71. Serrano Gómez, A. (1986). El costo del delito y sus víctimas en España Universidad Nacional de Educación a Distancia (UNED), Madrid, pág. 64.
72. Shapland, J. (1990). Victims of Violents Crime. En, Bluglass, R. y Bowden, P. Principles and practice of Forensic Psychiatry. Edit. Churchill Livingstone. London, págs. 577-586.
73. Solís, Z. C. (2018). Libertad de expresión y religión: modelos de derecho comparado. Anuario de derecho canónico: revista de la Facultad de Derecho Canónico integrada en la UCV, (6)- Págs. 199-216.
74. Torrens, X. (2016). La Heurística del Antisemitismo Contemporáneo. Scientific Journal on Intercultural Studies, 2 (1). Págs. 30- 55.
75. UNESCO (1978). Declaración sobre la Raza y los Prejuicios Raciales. Recuperado en: http://portal.unesco.org/es/ev.php-URL_ID=13161&URL_DO=DO_TOPIC&URL_SECTION=201.html
76. Uriarte, J.M. (2019). Estereotipos. Recuperado en: https://www.caracteristicas.co/estereotipos/
77. Vallet Gomar, B. (2015). Crímenes de odio. Crimina, centro para el estudio y la prevención de la delincuencia. Universidad Miguel Hernández.
78. Walters, M. (2014b) *Hate Crime and Restorative Justice: Exploring Causes, Repairing Harms.* Oxford University Press: Clarendon Series,. Disponible en: https://ssrn.com/abstract=2470076
79. Walters, M. A (2011) *A general theories of hate crime? Strain, doing difference and self control.* Critical Criminology 19 (4) 313-330 Editor Springer Netherlands Disponible en https://link.springer.com/article/10.1007%2Fs10612-010-9128-2
80. Walters, M. A. (2013). *Why the Rochdale Gang should have been sentenced as hate crime offenders.* Criminal Law Review, 2, 131–44.

81. Walters, M. A. (2014). *Restorative approaches to working with hate crime offenders.* En Chakraborti, N. y Garland, J. (Eds.) Responding to Hate Crime: The Case for Connecting Policy and Research. Bristol. Policypress. Pp. 243-267.

82. Walters, M. A. y Brown, R. (2016). *Causes and motivations of hate crime. Equality and Human Rights Commission–Research report 102.* Disponible en www.equalityhumanrights.com

83. Walters, S. T., Clark, M. D., Gingerich, R. y Meltzer, M. L. (2007). *Motivating offenders to change: A guide for probation and parole.* Washington, DC: US Department of Justice, National Institute of Corrections.

84. Ward, T. (2010). *The good lives model of offender rehabilitation: Basic assumptions, aetiological commitments, and practice implications.* En F. McNeill, P. Raynor y C. Trotter (Eds.), Offender supervision: New directions in theory, research and practice (pp. 41-64). Oxon, England: Willian Publishing.

85. Ward, T. (2011). *Human rights and dignity in offender rehabilitation.* Journal of Forensic Psychology Practice, 11, 103-123.

86. Ward, T. y Brown, M. (2004). *The Good Lives Model and conceptual issues in offender rehabilitation.* Psychology, Crime y Law, 10(3), 243-257.

87. Ward, T. y Gannon, T (2006). *Rehabilitation, etiology, and self-regulation: The comprehensive good lives model of treatment for sexual offenders.* Aggression and Violent Behavior, 11, 77-94.

88. Ward, T. y Stewart, C. A. (2003). *The treatment of sex offenders: Risk management and good lives.* Professional Psychology: Research and Practice, 34, 353–360.

89. Watson, J. y Rayner, R (1920). *Conditioned emotional reactions.* Journal of Experimental Psychology, 3(1), pp. 1-14.

90. Watts, M. W., y Zinnecker, J. (1998). *Varieties of violence-proneness among male youth.* In M. W. Watts (Ed.), Cross-cultural perspectives on youth and violence (pp. 117–145). New York: JAI Press.

91. Watzlawick, P. (1984). *El arte de amargarse la vida.* Barcelona: Herder.

92. Weis, K- 2006 *Explorations of the duplex theory of hate,* Berlin, Ed. Logos

93. Whitehead, P. R., Ward, T. y Collie, R. M. (2007). *Time for a change: Applying the good lives model of rehabilitation to a high-risk violent offender.* International Journal of Offender Therapy and Comparative Criminology, 51, 578–598.

94. Williams, M. L., y Tregidga, J. (2014). *Hate crime victimization in Wales: Psychological and physical impacts across seven hate crime victim-types.* British Journal of Criminology, 54, 946-967. Disponible en https://orca.cf.ac.uk/59624/1/Williams%20%20Tregidga%20-%20Hate%20Crime%20Victimisation%20in%20Wales.pdf

95. Wormith, J. S., Althouse, R., Simpson, M., Reitzel, L.R., Fagan, T.J., y Morgan, R.D. (2007). *The rehabilitation and reintegration of offenders: the current landscape and some future directions for correctional psychology.* Criminal Justice and Behavior, 34(7), 879-892. Disponible en http://journals.sagepub.com/doi/10.1177/0093854807301552

96. Worthington, E.L. (ed.) (2005). *Handbook of forgiveness.* Nueva York: Routledge. Disponible en: (www.evworthington-forgiveness.com)

97. Yochelson, S., y Samenow, S.E. (1976). *The criminal personality, volume I: A profile for change.* Northvale, NJ: Jason Aronson.

98. Zajonc, R. B. (2000). *Feeling and thinking: Closing the debate over the independence of affect.* En J. P. Forgas (Ed.), Studies in emotion and social interaction, second series. Feeling and thinking: The role of affect in social cognition (pp. 31-58). New York, NY, US: Cambridge University Press.

99. Zeki, S., Romaya, J.P. (2008) *Neural Correlates of Hate.* PLoS ONE 3 (10): p 3556. Disponible en https://doi.org/10.1371/journal.pone.0003556

100. Zimbardo, P. G. (2004). *A situationist perspective on the psychology of evil: Understanding how good people are transformed into perpetrators.* In A. Miller (Ed.), The social psychology of good and evil (pp. 21–50). New York: Guilford Press.